泰德的願景

「有為者亦若是！」

兒時觀《超人》電影後發出的豪言壯語，

歷經天地安排的重重磨練洗禮，

成為泰德終其一生奮鬥的偉大志業。

為實現世界大同的和諧光景，

泰德毅然投身人群，不舍晝夜，

致力提升眾人的身、心、靈層次，

帶動「愛與感恩」的良善氛圍，

擴展正能量的善性循環，

引領世人堅定前行，

創造共好共榮的人間天堂。

鄰家大男孩

太陽盛德傳奇錄

The Boy Next Door Ted Sun

張明玲 著

作者序 ———

師父教會我的事

「有些學員認為導師很厲害，幫他們化解了各種災禍；來參加一次共修或一堂課程，回家後就好事連連，甚至好奇地四處打探導師的真實身分是誰？其實我不過是你們的『鄰家大男孩』，不必把我神格化，如法實修才是你們要時時堅守的關鍵……」太陽盛德導師經常這樣提醒學員們。

認識這位「鄰家大男孩」已經邁入第十一個年頭，猶記得初見面那一天，明玲即在自宅中與其他四位志工一起跪拜太陽盛德為師。「一日為師，終身為父」，自從七年前父母相繼離世後，明玲很感恩還能有一位師父可以「喊」，每天早上一睜開眼睛可隨即向師父請安，還能得到師父如同家人般溫暖的關愛與照護。何其榮幸擁有這般「銘心刻骨」的幸福，全然源於師父的大愛與慈悲，這分恩情豈是生生世世回報得了；認識師父，是今生老天爺最珍貴的恩賜，而我何德何能！

在人生諸多的機緣巧遇中，若能適時抓住機會，生命的走向就會天差地別。多年前，早已從師父口中了悟自己的生命地圖走勢，體認這輩子人生大戲的任務主線——責無旁貸地肩負起「天圓文化總編輯」的重任，即是今生來這地球道場走一遭的天賦使命；而從出生一路走來的每一段艱苦歷程，都是為了鋪陳與師父的相遇，並且淬鍊出能為師父所用的弟子，悉心畢力協助師父普傳超級生命密碼系統的理念。

自那一刻起，明玲領會到過往承受的一切折磨、苦痛，其實都是老天爺賜予的獎勵，從此不再抗拒任何一件來到生命中的「饋贈」；認定不論順境或逆緣都是天地精心盛情的安排，是當下自己所需的磨礪，是使人生在在提升的墊腳石。一切全是在為往後的重生打造基礎、作足準備，蘊含著宇宙天地深切的愛意。

如果說人生就是一齣戲，那麼劇中所遇見的每一個人、每一件事，皆是來共同演出、完善、成就這齣戲的配角，順緣與逆境都不過是依循劇情來幫助、造就自己的過程；而所歷經的挫折、磨難都是天恩。既然如此，何不乾脆順應天心，強化逆增上緣的反轉力道？況且逆天並無法改命，唯有順天而為，再借勢、造勢，才得以逆轉原定的命運軌跡。

當明玲從師父身上逐漸體會諸多天地運行的道理之際，觀念一轉，竟在一夕之間不費吹灰之力就活出輕鬆自在，眼前的世界大放光明。只是這振聾發聵的天地真理遲來了將近一甲子，著實感到可惜；若能早日得遇明師指點，又何須歷盡重重劫難，心靈在彷若無盡頭的柳暗之中，苦等不到花明的一天呢？

這十年多來，明玲有幸跟隨在師父的左右，以最寬廣的視角近距離深入觀察師父；又因為編輯師父書籍的因緣，更是時時刻刻沉浸在師父高深的思維邏輯觀念中，也因此經常被師父的一言一行所感動，進而萌生將其生平故事彙編成冊的構想。只希望每位有幸接觸師父故事的有緣人，都能和我一樣受到上天眷顧，得遇明師，不必在人生旅程中苦苦糾纏，迂迴多年。

在提筆撰寫師父的事蹟時，屢屢因師父慈、悲、喜、捨的作為而動容。師父身處紅塵世界；卻能用法界心看待世間種種，了知一切皆如夢幻泡影，種種境遇不過是一齣戲，因而不受世俗假象所影響，活得灑脫自在。這道理說來容易，似乎人人都懂，但又有幾人能真正活出自在呢？若非已回歸圓滿的赤子之心，見到空靈清淨的真心本性，一般人又如何能有如此的真知灼見，確實做到豁達大度呢？

在與師父訪談的過程中，得知師父的童年雖然生活在物質優渥的環境中；然而內心卻是無比苦悶抑鬱，因此一心渴望尋求解脫，就此深入各大宗教領域探索。這與明玲年少時期的心路歷程竟不謀而合，讓我驚奇之餘，更加篤信我們之所以來到地球道場，就是來「闖關歷劫」的。因為唯有親身經歷人間劫難、病痛、煩惱、厄運、困境……一次次無情的艱難險阻，才有可能通過一回回身、心、靈的嚴酷考驗，並在反觀自省中瞥見深藏心底的覺性，如浴火鳳凰一般，最終喚醒沉睡的自性，接通浩瀚的天地源頭；渺小如滄海一粟的人兒全然毋須煩惱掙扎，因為一切本自圓滿具足。

這些在在都是師父教會我的事。因為終日沉浸在師父灌注的法海之中，跟隨師父智慧法語的引導，在似醒非醒的狀態下，一點一滴地完備正知正見；方能在被傷得體無完膚，對人生萬念俱灰、了無生趣的層層關卡中，開始懂得反求諸己，逐步練習向內探尋解答，不再盲目往外搜索，告別內心的虛耗空轉，因而臻至歷劫重生後豁達、自在的灑脫境界。

當依著師父的口述，描寫到太師母的為人——「母親永遠是以親切的語氣、貼心的話語與每一位商販老闆互動……」心中總有萬般感動。實際上，師父口中陳述的母親形象，的確就是明玲這十多年來所看見的師父樣貌，無論對待任何人都是那樣地和善、周到、貼心、細膩。他時時體現的溫、良、恭、儉、讓，潛移默化地影響著你我；這是何等的德性、智慧與修為，才能達到的風範與境界啊！

例如：師父在日理萬機百忙之中，總是會抽空來電詢問：「明玲，妳現在的作息如何？有沒有正常吃飯？都吃些什麼？營養要充足……」

「現在有一種結合智慧科技的壓力鍋，燉煮食物又快又方便，煮好還會語音提醒烹飪完成……」

「明玲，工作設備需不需要更新？電腦螢幕換大尺寸的，眼睛比較舒服不吃力……」

「妳的電腦椅用幾年了？現在有一種先進的人體工學椅，腰部和頸部都能得到足夠的支撐……」

往往在通話的數日後，就會收到物流送來師父的貼心大禮。直到撰寫師父傳奇錄其中的一段：「原來多日來，小泰德一直暗暗盤算著要選購一份既新穎特別，實用性又高的禮物，讓母親享有更便利的生活……成功展現『送禮送到心坎裡』的濃濃孝心與超齡智慧。」明玲的心緒被深刻地觸動到久久不能自已，這才恍然大悟原來師父待人處事的用心，是如此地精細周密，一心想要將最先進、最適用的產品與人分享。了悟到此，明玲止不住地淚眼汪汪，這一分「慈眼視眾生」沒有分別的平等心，又是何等難能可貴的高尚情操！

這幾十年的靈修生涯中，若不是有幸值遇師父教導，想必明玲還在重重迷霧中打轉、在紅塵苦海裡沉淪；就因當初那一念發心——「出書我有經驗，導師有需要我可以幫忙」，讓明玲徹底打破束縛局限，在苦海泅泳中得以從容上岸，了悟今生來到地球道場的真正使命，終於覓得心靈的安穩歸處。明玲每天除了用餐及睡覺之外的時間，都坐在電腦前編輯、審稿，曾經一整年未踏出家門，但內心的豐盛、富足、幸福，著實難以言喻；只因心知肚明，縱使將餘生的分分秒秒發揮到極限，也難以報答天恩、師恩於萬一。

「只要是利益他人、成就眾生的事情，一旦決定就勢在必行、永不放棄」是師父自小養成的高尚人格特質，即使遭遇再大的困難，師父也絕不退縮；總是再再想方設法克服難關、跨越障礙，直到達成目的為止，而且從來不說苦、不喊累……

記得有一次，師父與志工們餐畢，一群人送師父回飯店房間，當時師父神采奕奕，還與大夥兒有說有笑。等我們告辭後，明玲才剛搭乘電梯下樓，就發現方才忘記歸還師父寄放的自備餐具，隨即打電話給師父，卻遲遲未獲接聽；後來才知道，原來我們離開後，師父往沙發一坐就不知不覺睡著了。前一刻還生龍活虎、精神飽滿地硬撐著，下一秒獲得放鬆即瞬間耗盡電力；為了利益眾生，師父究竟耗費了多少精神與體力？他總是把握每一個當下帶給大家歡樂，而把極度疲憊留給了自己，這樣的奉獻精神和無私付出，讓明玲由衷感動與敬佩。

還有一回，明玲隨師父搭車去洽公。在車上，馬來西亞志工來電報告一件壞消息，然而掛上電話後的師父並沒有表現出任何情緒，什麼也沒有說，就好像沒有那回事般雲淡風輕。當時明玲焦急不解地問：「師父，您不擔心嗎？」

「擔心又有什麼用呢？」師父卻只淡淡地反問。

幾年後，明玲才明瞭原來師父已達「至心若鏡，物來則應，物去不留」的高深境界，終於領悟為何師父總像個孩童般天真無邪、笑口常開、無憂無慮。「無罣無礙大道方成」，一個人最自豪的資糧就是縱然受到撕心裂肺的傷痛，依然能如如不動地選擇保有純真善良的本性，這樣的人必定備受天地眷顧。

回顧師父教會我的點點滴滴，這分恩德與智慧的傳承是如此珍貴窩心。師父以他的身教言傳，不僅讓我通曉生命的真諦，更幫助我走出迷茫人生，找到屬於自己的光明道路。他那顆充滿慈悲喜捨的心，是我心中永遠的明燈，猶如太陽般和煦地照耀漫漫前路，在人生每一個撲朔迷離的岔路口，為我照亮正確的出路。

如今明玲懷抱著滿心的感激，將師父的傳奇故事編纂出版，希望正法永存、續師慧命，讓更多善良有緣人因此受益；而這本《鄰家大男孩：太陽盛德傳奇錄》正是對師父愛與感恩的無盡心意。衷心希望每一位讀者在翻閱的同時，都能從字裡行間感受到那分源自天地無私的法流，以及師父無我的大愛，儘早在人生旅途中，找到屬於自己的幸福與圓滿。

這一切都是師父教會我的事。明玲感恩戴德、永誌不忘，發願將這分智慧與愛傳遞下去，讓更多苦海浮沉中人儘快同登彼岸，這便是對師父最好的報答。希望《鄰家大男孩：太陽盛德傳奇錄》能為每一位讀者帶來啟發與感動，讓我們攜手在這條修行的道路上砥礪前行，尋回寧靜的真心，契悟本具的覺性。

遙想二〇一四年四月，明玲僅花兩天時間閱讀完

《超級生命密碼》一書後，心中生起一股濃濃的羨慕之情，「作者好幸運能遇到Friend G這樣的高人，多麼希望我也能有這種福報」，沒想到明玲願望成真，值遇相隔十萬八千里的「鄰家大男孩」！有願就有力，猶如Friend G所說：「只要你有心，世間很多奇妙因緣就會安排到你身邊，所需的人力、經費和各種需求，會在你願意扛起這分責任的同時一一顯現。」

這在明玲發願撰寫《鄰家大男孩：太陽盛德傳奇錄》一書得到了驗證，深深感恩師父給予明玲編撰傳奇錄的機會，衷心感謝所有共同完成這部作品的夥伴們，更感激正閱覽至此的您。願這本「故事書」能觸動您的心靈深處、激發您的深層思考，帶給您清明澄澈的啟迪與感悟，成為您生活中的一道亮麗風景！

天圓文化總編輯 張明玲
二〇二四年九月吉時

超级

輯一
童年即展現光芒

1.1 天賦初現：砌牆治水無師自通

滿天燦爛星斗下，微風輕拂，空氣中瀰漫著甜甜的花香；花團錦簇的庭園中，有個偉岸身影正信步遊賞其間，挺拔的身姿兀自陶醉在陣陣的芬芳裡，盡情觀賞著熱情綻放的白色曇花，並將「曇花一現」的珍貴瞬間深深刻進心底。

曇花生命極其短暫，是天地間少數只在夜間開花數小時的傳奇植物；相對於宇宙的浩瀚無垠，人類的一生宛如曇花盛放般驚鴻一瞥——極其短暫、渺小卻可以永恆美麗。

「就讓生命在人世間燦爛一回，怎能辜負天地生生世世賦予的能量」，他心中暗暗許下這個不凡的願望。隨即盤腿坐定，進入冥想的狀態。

此身影名為泰德；人們此時還無從知曉，往後他將成為一位在二十一世紀享譽國際，三度被提名諾貝爾和平獎，深受眾人敬重與信賴的身心靈導師。

入定之際，若有似無間「太——陽——盛——德」四個字又飄進泰德的心坎裡。起初他尚未領悟其含義，只是將這個感應放在心底；後來經過在其他場合中多次印證，最終確定這是宇宙天地賜予他的稱號。

與天地間的連線交流不知持續了多久，當他回過神時，曇花已經悄然凋謝，泰德不禁熱淚盈眶地仰望廣闊蒼穹。此時他的內心格外清明澄澈，含淚的笑容中顯然已經明白宇宙天地所賦予他的今生使命；銜命宇宙天地的一介平凡人，必將在人間道場開展一段不同凡響的卓爾際遇……

幾十年前，泰德住在臺北市一棟新建四層樓公寓的四樓。這個社區的公寓建築總共分為東南西北四棟，四棟房子外表看似各自獨立，實則緊緊相鄰，相互連通的屋頂是一片開闊的公共空間，設有水塔和電視天線。晴朗的日子裡，陽光灑滿每一個角落，儼然成為家家戶戶的晾衣、曬被聖地。

泰德的成長故事在這片屋頂上留下了深刻的印記；心靈苦悶的他，經常獨自跑到屋頂角落安靜地看書，以便暫時逃離父親的嚴厲管教。

沉浸在書林中的他，臉上總帶著壓力釋放後的爽朗微笑。閱讀累了，便抬頭眺望蜿蜒的景美溪，如同欣賞一幅大自然的畫作；或側耳傾聽市井的紅塵喧囂，將其作為背景音樂，青春就在日落月升間承接天地滋養。

這片公寓社區雖然住戶眾多，卻缺乏現代大廈的管理體系，公共設施的維護工作經常被忽視。每遇大雨，積水便淹過樓頂門檻，從樓頂傾瀉而下，順著樓梯流灌至各層樓的房門內，甚至連地下室也遭殃。

每逢颱風季節，住戶們更是深受水患之苦；但縱使

聽到水流異聲響起，紛紛開門張望，此起彼落的驚呼過後卻無人試著提出解決措施。

唯獨小學三年級的泰德對此極為上心。這天放學返家，眼見積水迅速漫進家裡，弄濕大片地毯與大量家具，想起過往母親為了災後復原，經常忙到三更半夜的身影，他顧不得放下肩上的書包，即刻衝到樓頂察看，想方設法著手進行解決。他觀察發現，只要用幾塊磚頭將屋頂與樓梯間的門檻加高，就能阻擋雨水溢進屋內。

小小年紀的他，全憑自己的判斷與想像，沒有經人指導或與誰討論，便獨自前往五金行購買磚頭與水泥，自己攪拌砂漿，動手加高門檻。自從樓頂門檻墊高後，歷經多個雨季一直平安無事，再無發生水患問題。

直到泰德就讀小學五年級那年的夏天，氣象局預報示警強烈颱風即將來襲。他心想：雖然自家這棟樓不會淹水；但因樓頂相連，風強雨驟之下難保不會受到其他棟的水患牽連。於是他和母親商量，計劃要將自家樓頂與其他棟間隔開來。

「寶兒，範圍這麼廣，這樣可行嗎？真的會有用嗎？」母親聽完兒子的想法後，半信半疑地問道。

「自從我上次加高門檻，我們家就沒有再遭受過水患；有了上次的成功經驗，我保證這回絕對沒有問題！」泰德信心十足地回道。

「這次可是大工程，那要找誰來施工呢？」母親進一步問。

「我來做就行，沒什麼大不了的！買些磚頭、水泥和砂礫就可以。」泰德興沖沖地主動承擔起這項艱難的工事。

當年人們對公共設施的意識還不強，也沒有代管公司或物業公司來負責管理，所以泰德小腦袋瓜兒的想法還真的有可能實現。母親見寶兒小小年紀就懂得挺身而出，擔負重任，便欣然同意讓他試試。

行動派的泰德即刻去五金行訂購材料，老闆卻只願將貨卸在一樓，泰德只得上樓請兄姊們幫忙搬運；怎奈兄姊搬運一、兩趟後，便以功課繁重、準備考試為由紛紛回房。連母親開口請求，兄姊們也無奈地表示要以課業為先；否則難以向父親交代，實在愛莫能助。

而母親也忙於照顧年幼的小弟，最終只好讓泰德自己一個人費盡吃奶的力氣，將磚頭、水泥和砂礫等重物一一從樓下搬到樓頂。幾個小時過去，待所有材料安放到位，他早已氣喘吁吁。

此時夕陽漸漸西下，倦鳥紛紛歸巢，一輪皎潔明月已緩緩升起。

忙碌了一整天，即使大汗淋漓浸濕了衣裳，身體已疲憊不堪；但泰德的鬥志絲毫未減，心裡反而充滿快活和喜悅，因為這是一件有益於大眾的好事。他的青春年華，就在一次次的奮鬥與成長中充實地度過。

1.2 勇敢承擔：實驗精神強勢出頭

第二天清晨太陽才剛露臉，早早起床的泰德已經挽起袖子熱情開工；而這一切工事都是他自己憑空揣測、無師自通。等到把整個水泥牆砌起來接近完工時，忽然間心念一動：「這樣和水調出來的水泥砂漿比例對嗎？砌好的牆到底穩不穩固啊？」

這時他與生俱來的實驗精神又強勢冒出了頭：「不如從中抽一塊磚頭試試。」因為當時水泥還沒有乾透，當然可以輕易地將磚頭抽離。這不免令他懷疑了起來：「哇！到底行不行啊？會不會前功盡棄？」

小小的身軀忙活了一整天，這裡修改、那裡調整的，弄得汗手垢面，著實有些精疲力竭；但又一心渴望看到最終的成果。他心想，總不能在這裡乾等，還是先回家洗個澡，等水泥全部凝固後再來看有沒有成功吧！

於是虔誠地雙手合十，口裡嘟嘟囔囔地向上天請求：「老天爺，為了讓大家免於水患之苦，泰德已經拼盡全力，請大發慈悲助我一臂之力，拜託了！」又朝天地深深一鞠躬，這才放心返家休息梳洗一番。

果然，隔天等水泥全部乾透後，整面牆固若金湯，可愛的家園也因此逃過那場狂風暴雨的強颱肆虐。這讓泰德領悟出一項道理：當事情該按照步驟進行，就得依規矩行事，即使有各種發想，需要什麼樣的時機點就要耐心等待；一旦沒有按照正規方式施作，就是行不通、轉不了，容易導致失敗。

這段砌牆防災的經驗，不僅讓泰德學會了如何一步步解決問題，更讓他深刻理解責任與承擔的真諦。治水成功後，泰德對凡事都更有自信，同時積極地尋找各類機會多方嘗試，無論水泥工、電工、木工，他都躍躍欲試，勇敢挑戰、大膽突破。

自此以後，家裡只要有東西壞了，家人就會主動找他來修理，泰德也樂於提供幫助，猶如一位盡責的小小工匠，將這些事情視作自己的本分事，認真執行。例如：家裡房間的木製紗門，門軸處的小彈簧特別容易損壞，於是泰德自告奮勇前往五金行購買門軸彈簧，決定親自動手嘗試修理。

第一次修理門軸時，因為不熟悉作業流程，當他把整扇門拆下來後，才發現新的彈簧尺寸不合，螺絲釘卡在中間無法卸下，只好另想方法。無論遇到多大的困難，泰德始終相信「一回生，二回熟，三回變高手」的道理，只要一再努力嘗試，最後都能成功衝破難關。

之後移居美國，就讀大學的泰德也曾親力親為改造居家後院的一片黃土，從一竅不通的庭院清掃工，化身為建構一座精緻景觀花園的園藝師；日日面對開得五彩繽紛、奼紫嫣紅的花朵，只覺賞心悅目，天天好心情。從此，他又多了一項園藝經驗。他認為這些五花八門的難題，在在都是藉事練心的機會，並能從中練就一套屬於自己的人生定論。

1.3 創意萌芽：修理電器情有獨鍾

電機工程學系畢業的泰德，從小就展現對「電」的濃厚興趣，「電既看不見，卻又真實存在，實在太有意思了！」因此他稚嫩的心裡對其產生強烈的好奇心，從小就能靜靜地花上大半天時間來仔細研究，深感其中的學問奧妙無窮，值得不斷用心深入探索。

「電燈的電看不見，電燈的光看得見，有光就知道電來了，只能在作用和功用上見著『電』！」對這個神奇的大發現，小泰德簡直著迷極了。

某一天，就讀幼稚園大班的泰德發現家中的插座時好時壞，心想可能是電線老化不靈敏所致，若是把舊線路替換下來，應該就能變得靈光了。於是趁著母親陪小弟午睡的一個靜謐午後，默默拿起工具就想更換電線；

那時候家裡剛好有一捆被汰換下來的舊天線，天真的他以為那就是所謂的「電線」。

才幼稚園大班的小朋友，怎麼可能懂得區分出電線與天線的差異；結果因為誤將天線當作電線，接好線之後一插上插頭，天線竟立刻冒出白煙。小泰德著實被嚇著了；卻依然臨危不亂地立刻拔掉插頭，還裝出一副若無其事的模樣，可他內心深處不免擔心母親聞到燒灼的味道會感到驚慌。

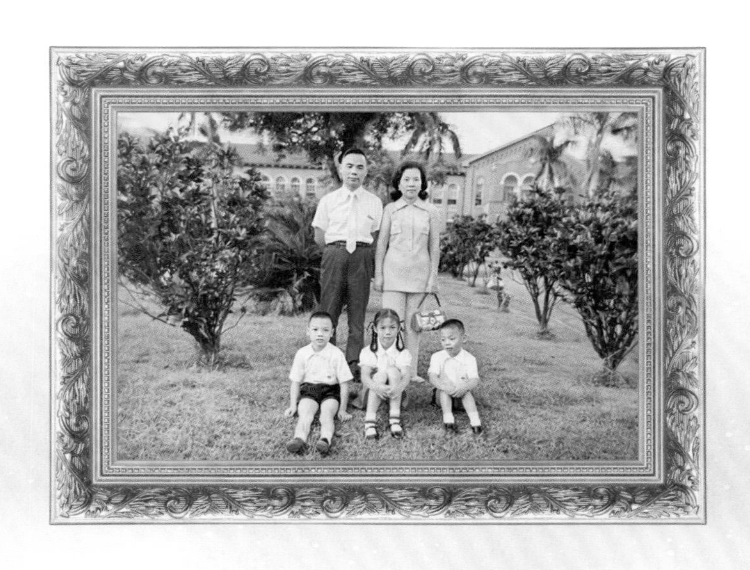

過了一會兒母親從午睡中醒來，他不得不怯生生地解釋事情緣由，母親聽了之後說道：「你這小孩怎麼這麼大膽，大人都不見得敢弄，你一個才幼稚園的小朋友就敢胡亂嘗試啊？」

泰德一臉悵然地嘆息道：「唉，我不過是想實驗看看，只可惜沒有成功。」

母親看到心肝寶貝滿臉失望的表情，也就不忍再多加苛責，只是輕聲細語但口氣堅定地叮囑道：「寶兒，你答應媽咪以後不可以再做這種危險的事！」

聽到母親並沒有嚴加責備，泰德這才重展歡顏、點頭如搗蒜，手舞足蹈、又蹦又跳地往房裡去，丟下了一句：「知道了，那我去陪弟弟玩囉！」

這段童年經歷並未給泰德留下心理陰影，反而讓他從中學到寶貴的教訓，也使他在未來的生活中，行事更加小心謹慎，並養成了嚴謹的科學態度。正因如此，他才能在日後的學業和事業中取得巨大的成功。

1.4 科學探索：電路接線駕輕就熟

雖然泰德曾答應母親不再碰「電」；但他小小的心靈一直沒有忘記這件大事，經常歪著小小的腦袋瓜默默思索：「上次為什麼會冒白煙，哪裡弄錯了嗎？」

直到小學三年級那年，有一次檯燈的電線斷了，便送回工廠修理；但修完後使用沒多久，檯燈的線竟然又斷了。「為什麼中間的線這麼容易斷掉？不如我自己試著接看看！」

泰德左思右想後決定：「既然是中間這一段不通，乾脆把兩邊剪掉重接吧！」

一心想實驗出結果如何的他，輕手輕腳地悄悄掩上房門，深怕被家人發現；但十歲不到的孩子，哪裡知道正負極的原理。他自顧自地把兩邊的線捲起來，好巧不巧把正負極接連在一起，當插頭一插入後，電線又冒起白煙。還好在總開關的無熔絲斷路器跳掉之前，他早已先拔出插頭；泰德再度被嚇出一身冷汗。

連兩次的失敗，依舊澆不熄泰德的實驗熱情，他鍥而不捨地繼續投入實驗、調整改變，仔細觀察並從中找出自己究竟錯在哪裡的結論——正負極不能接在一起。

而這也讓他漸漸意識到，修理電器是一門不可草率行事的學問，事前必須要具備一些基本常識。

從此他就收斂許多，沒有十足的把握就不會莽撞出手嘗試；但正因為這兩次失敗的經驗，泰德想把「電」搞懂的企圖心更加強烈了！

只要家裡有設施故障，約請師傅來修水電，善於掌握機會的他一定緊跟在水電行老闆或維修師傅身邊，認真仔細地觀察他們修理的流程。

甚至聽說鄰居家需要維修水電，也會自告奮勇地積極前往詢問：「阿姨，如果您有需要，我可以幫您跑一趟水電行，請老闆來修理。」

誰不喜歡這樣的「鄰家小幫手」呢？幾次之後，他也就成為公寓大廈的維修總代表，不論是哪家哪戶有東西壞了，只要呼喚一聲「泰德」，幾乎都有求必應，他總是會立刻負責前往叫修。

一段時間下來，水電行老闆對這位小小客戶已極為熟悉，也甚是喜歡；面對他所提出的林林總總疑問，總是有問必答，耐心解釋直到小泰德弄清楚為止。

因為從小旺盛的好奇心以及追根究柢的精神，再加上千錘百鍊的機會，漸漸地泰德已經搞懂「電」這無形無相的玩意兒，並深深感受到：「看不見的東西，不代表它不存在；就像能量看不見，可是它的的確確存在，而且分秒運行不息。」

在泰德的兒時年代，諸多電器設備的設計還不是很人性化。例如：天花板的電燈開關大多設在進門處，如果半夜要起床讀書，或是寒冷冬天的早上鬧鐘響了，天色還是灰濛濛的，就必須披上外套摸黑走到門邊開燈，這讓泰德感到十分不方便。

有一天晚上，做完功課已是深夜，他躺在床上認真動起了腦筋，「我何不在床頭接一個電燈開關，早上睜開眼睛就可以開燈，晚上睡覺也能夠先躺好再關燈，省得還要走來走去」。

「好讚的點子！」泰德為自己的巧思雀躍不已，期待假日快點到來，好一展身手！

自己接線修改電路，對於才國中一年級的泰德而言；卻已顯得駕輕就熟。他先把線路修改一番，然後把電線繞到床頭後面，再接上開關按鈕，便大功告成。之後，他還為自己加裝了桌上型的日光燈，如此一來，半夜挑燈夜讀就更便利了。

1.5 機智應變：從容防止祝融肆虐

泰德家境殷實，在那個物資普遍缺乏的年代，能夠用上美國原裝進口的名牌冷氣機及電視機的家庭少之又少；而泰德家就是其中之一。

那年代的電器用品大多採用按壓式按鈕，無論電源開關、調整風量大小等各式操作，都是以按壓的方式進行，因此當使用的時日一久，常常會出現接觸不良而故障的狀況，冷氣機更是三天兩頭就停機罷工。

小學四年級的泰德已是家裡不折不扣的小幫手，他負責任的態度更是深獲母親信任與依賴。

有一天下午，神情緊張、心緒不寧的母親聽到兒子的進門聲，立即放下手邊的工作，焦急地對著寶兒說道：「媽咪終於等到你放學回家了，你有沒有聞到一股電線燒焦的味道？大概從中午左右就開始出現這怪味，媽咪好擔心家裡著火……」

「是有一股燒橡膠的濃濃臭味！您別急，我來找找看味道究竟從何而來？」於是泰德立刻放下書包，像個小偵探般一個勁兒地翻尋、嗅聞味道來源。

「嗯，你回來媽咪就放心了！」看見寶兒展開搜查，母親整日揪著的一顆心終於放下，似乎唯有看見寶兒才能令自己鬆一口氣。

泰德生性顧家，當知道家人需要他的時候，他的表現就更加來勁，往往毫不遲疑、抬頭挺胸、滿臉欣喜地扛下所有重責大任；而他也已經習慣成為那個總是被託付重任、負責管家的重要角色。所以導師如今的熱心助人，其實從兒時的作為就已顯現端倪。

小泰德滴水不漏地翻遍家中各處，就是找不到問題點，沒有發現任何異常的狀況，家裡各個地方怎麼看都正常；但依然充斥著橡膠燒焦的味道，始終不知道是從哪裡冒出來的。

不久後，父親帶著疲累的身心下班回來，一聞到不對勁的氣味，立刻緊張兮兮地大喊道：「你們每一個人都出來，趕快找啊！」

結果這次全家人總動員，翻遍家中每寸空間，還是怎麼找都找不出問題所在。

說時遲那時快，突然間冷氣機上的按鈕滋滋作響，瞬間冒出一團火光，惹得大家驚聲尖叫、四處逃散，場面有些混亂；唯獨泰德二話不說，立刻冷靜地爬上凳子，將牆壁上遮蔽配電箱的掛畫取下，迅速打開配電箱，隨即關閉冷氣機的總開關。

小小泰德的動作是那麼地井然有序、純熟幹練；這樣處變不驚地化險為夷，實在讓全家人看得目瞪口呆，彼此面面相覷，不敢相信這麼小的孩子竟能有如此成熟的處事能力。

「你怎麼會啊？哪裡學來的？」父親瞪大眼睛，滿臉訝異地問道。

泰德笑而不答，心想：「我怎麼不會！是你不會，不是我不會……」

「寶兒，你真是太了不起了！」母親終於安心了，拉著泰德的手，滿懷感激地說道。

泰德謙虛地笑著，看著全家人臉上轉憂為喜的表情，內心生起一股濃濃的成就感。

這次事件中泰德的表現讓父親嘖嘖稱奇，意識到兒子不僅是個懂事的小幫手，更是一個能夠在危急時刻挺身而出的可靠小孩，對他的能力稍微有些刮目相看。

1.6 瀟灑俠客：古道熱腸行俠仗義

事後，他們請水電行老闆來檢查冷氣機，原來是著火的那個開關壞掉了，無法繼續使用，必須要更換零件。原則上換零件需要關掉總電源，但當時家人都還在吃飯，好心的老闆便說：「沒關係，我嘗試把電線接在一起就好了。」

或許是老闆一時失手沒有接好，結果「轟」的一聲，讓眾人心驚膽跳，尤其書生型的父親更是驚慌失色，泰德只好出聲安慰：「沒關係的，老闆只是誤碰而已，沒事！」

父親見兒子篤定自若的神情，不由得驚訝問道：「你怎麼知道？怎麼會這些呢？」

又是同樣的說詞！泰德忍不住向父親投以自信的眼神，更加篤定地點點頭，心中暗自辯駁：「我怎麼不會？我就是會！」

事實上，因為他們所住公寓的抽水馬達每個月至少要叫修一、兩次，這間水電行簡直如同這棟樓的御用店家；而每當老闆在修理時，泰德必定跟前跟後，耳濡目染下，整棟公寓與家戶的電箱、開關在哪裡，泰德自然再熟悉不過。

水電行老闆娘常誇泰德人小鬼大，機靈得很，小小年紀就會幫忙顧家；還不忘對自家的幾個小孩機會教育：「你們要像哥哥一樣能幹，要向哥哥學習！小小年紀就能幫忙應付家中大小事。」

泰德從小就是個古道熱腸的人，只要有機會就一而再，再而三地自我訓練，增強自身各種能力以助益他人。因為他總覺得，家裡的事就是自己的事；甚至認為每個家庭的事也都是他的事。

這樣樂於助人的熱忱一直持續到他成家、立業之後，由於事業、家庭兩頭忙，才再也沒有那麼多時間得以照顧所有人；但是因為父母與哥哥同住，而哥哥是個連換燈泡都不會的人，所以只要他們家有任何問題，向來都是泰德出面解決。

泰德的所作所為，恍如現代版武俠電影裡行俠仗義的瀟灑俠客，偶爾他也會幽默地調侃自己：「我與生俱來就是個俠義心腸的人，總是急人之困，所以只要有機緣就去各家的舞臺客串演出一番。」

1.7 才華初綻：雙親鼓舞指點明路

約莫在泰德小學五年級時，家裡的電視機頻頻發生故障，不只螢幕經常閃爍，畫面色彩嚴重失真，聲音斷斷續續時而出現雜訊，有時甚至會突然無法開機。

雖然這臺美國進口的二十六吋電視，在當時可稱得上是頂級配備，沒有幾個家庭負擔得起；但上述問題總是反覆出現，實在讓人感到困擾，所以父親還是決定換掉它，再購入一臺更新型的電視機。

新選購的進口品牌，各種功能按鈕配置非常複雜，就連販售電視的業務員都沒能完全清楚說明；不過經由泰德認真專注地坐在電視機前仔細摸索一番，對每一個按鈕和選項分別進行試驗，就發現原來這臺電視機還可以自行設定時間，讓它定時開關。

於是他一個勁兒地埋頭研究，找出如何正確設定的方法；電視安裝人員沒有教，父母更不可能知道，但是泰德就是有辦法靠自己研究出個所以然，搞清楚後還能講解給父母聽。

「媽咪，您知道嗎？這個電視還可以預先設定時間，定時開關呢！只要先按這個按鈕……」泰德興奮地向母親展示他的新發現。

「寶兒真是個神童，一個小學生就能搞懂這些複雜的設定。」母親笑容洋溢地撫摸著兒子的頭，滿心歡喜地讚揚。

「你倒是說說看，你是怎麼學會這些的？」一旁的父親卻板著臉嚴肅地問。

「我就是會啊！很簡單嘛！」泰德一臉理所當然就是這樣的表情。

「既然你對電器和機械這麼感興趣，那你以後就去讀電機類科系吧！」父親接著說。

「是啊！我的乖寶兒既然有這方面的天賦與智慧，以後讀電機系必定很適合，將來可以造福更多人！」母親和藹地注視著兒子。

就因為母親這句勉勵的話語，數年後泰德如願成為電機工程學系的高材生，徹底發揮好奇心鑽研數學、科學及工程知識；面對世界科技潮流，培養大膽創新與勇於挑戰的資質。

也許閱覽至此，你會以為泰德的生命歷程從此就走上工程師或研究人員之類的路線發展所長；但人世間之所以況味無窮，就在於我們永遠不知道接下來的人生劇本會怎麼安排。

無論劇情如何跌宕起伏、情節怎麼扣人心弦，如果能把人生當成一場遊戲，用趣味的方式及態度去探索其過程，那麼結果往往會出乎你我的意料之外……

1.8 活在當下：智慧膽識展露無遺

泰德的人生路走得繽紛多彩、絢麗燦爛，是許多人欽羨的對象，照理說應該會留下許多無限榮光片段，拍出不少可供往後瀏覽、回憶、炫耀的相片；可事實上正好相反，泰德從小到大的照片可說是少之又少！

所留下的也僅限於家庭聚會的合影，因為只有被父親要求必須合照，他才會露個臉配合演出；而他不喜拍照的原因，竟然也是源於幼童時期嶄露的獨特見解……

在一個寧靜的午後，小小泰德看著一眾親戚、長輩們圍坐在客廳裡，翻看著一本頗有歷史的發黃相簿。這本厚厚的相簿裡，記錄了家族幾代人的生活點滴，從年輕時的身懷宏願、無所畏懼，到如今的歷經風霜終歸平淡，每一張照片都承載著豐富的情感和濃厚的回憶。

「這是我剛畢業時拍下的照片，你看，多美啊！當時可是有好多人追求我呢！」一位親戚指著照片上巧笑嫣然的少女無限緬懷，眼底似乎寫著一絲惆悵。

「哈哈，那都多少年前的事啦！看看這張照片，這年我在公司業績奪冠，表揚大會上總經理親自為我送上花束、獎杯，很是風光！」另一位親戚接著懷想當年的意氣風發；與現在的白髮蒼蒼、精神萎靡形成鮮明對比，顯得有點不協調。

在一旁的小泰德見狀不禁疑惑，這些長輩總愛誇耀當年的自己有多年輕貌美、春風得意，然而現今他們是否真的幸福呢？如果此刻是幸福的，又何須藉由照片回顧從前美好的自己？

重溫舊照，頻頻回味過去，就算曾經多麼風光榮耀，對於現在的自己也是毫無裨益；這麼一想，泰德便對照相這件事興致缺缺。

因此每當家人或朋友拿起相機，想要為美好的瞬間留念時，他總是默默地躲開鏡頭，全心投入到當下的時刻中；他選擇用自己的方式記錄生活。

泰德認為，在那一刻以照片的形式留存影像，等於是把此境界的精華「喀嚓」濃縮在一個方寸間；但只要仔細思考就會發現，自己真正想要的並非那張冷冰冰的相片，而是希望相片中幸福圓滿的能量流能夠永續流動、源源不斷。

因此泰德心中深植一個觀念：不論現在或以後、今生或來世，如果有無比珍貴的好因緣，應該要想辦法讓它更加發揚光大。

而能否發揚光大的關鍵在於：明白此刻齊聚一堂的難得幸福，旋即將當下的幸福感轉化成「愛與感恩」；真誠地感謝每一個人、感恩所有的事物，為自己輸入源源不絕的幸福感，讓這分愛得以持續不斷地蔓延，幸福人生的戲碼也就會繼續演繹。

千萬不能在拍完照片之後，瞬間就斷了感恩；否則人生後續的好戲也就戛然而止。

靈命並非在拍照定格的瞬間就劃下句點，它賡續地以現在進行式運作著；我們不應以相聚的這一刻為永恆，而是要看透照片背後能量源源不絕的意義。

何況照相只能抓住當下那一刻；但等到將來再回顧時，也不知究竟是會感到欣喜，還是徒增懷念、惆悵、遺憾？一切都是未知數。

既然未來的感受不得而知，與其陷入物是人非的哀傷，感嘆起人生際遇的坎坷，還不如牢牢抓住當下，全力以赴，把眼前這一刻過得扎扎實實，才是最重要、最實際的做法。

所以泰德從不留戀、耽溺人世間過往的風采，更不會去貪求未來的風光，堅持實實在在地活在當下這一刻，感受生命的豐富和深度。

他領悟到生活中的美好存在於每一個當下的瞬間，並非在於未來會得到什麼，或過去曾經擁有什麼，只有當下才是心安頓的所在；也唯有全心安住在當下這一念之中，才是真實存在的。

他學會更加專注地感受眼下的時刻，用心去體驗生活中的每分每秒，因為秒秒的當下就是連接高維的唯一通道，通往永恆的獨一入口。

而我們的一生，就是由每一個當下所串起，若無法牢牢把握住這一刻，其他的回憶或展望多說無益，全是白費功夫，不能真正地影響自身的生命。

泰德能有今日的成就，綜觀其成長經歷的點點滴滴，細探那些發人深省的小故事就知道，其實從他幼年時期異於常人的思維邏輯，以及高人一等的智慧膽識，就已初見端倪，嶄露鋒芒。

輯二
父親權威式教育

2.1 根系滋養：家族福報代代相傳

恆河，是一條來自天堂的聖河，孕育著古印度文明，被地球上數以億計的人們尊奉為「母親之河」。

人生旅程正如這條波濤洶湧的漫漫長河；而家庭無疑就是其中最為重要的航行指標，它不僅是生命之河的源頭，更深刻影響著河水的流動方向和曲折程度，滋養著流域中的萬物，發揮其不可或缺的偉大影響力。

仰望浩瀚星空，每個家庭就像是一個獨立的小宇宙；父母的影響力如同星環般環繞，為這個小宇宙的順利運行提供核心動力。

宇宙星辰閃耀浩瀚無窮盡，每位家長分別依循其獨特的教育哲學教養子女，盡其所能引導著孩子的成長之

路，航向各自精彩的人生軌跡，成就一片繁星閃耀、無比迷人的絢爛天際。

泰德的父母親堪稱這個小宇宙中最明亮的兩顆星辰，他們各自擁有成熟獨立的個性和獨到的教養方針。這個由美好要素組成的家庭環境，如同一片沐浴在溫暖陽光和肥沃土壤中的繁花園地，為泰德提供了豐厚的成長根系淵源。

在慈祥和藹的母親身上，他學會了慈悲與理解；從端正嚴肅的父親形象，他習得了堅韌和自律。這些看似矛盾的特質在泰德身上獲得了完美融合，達到巧妙、和諧的平衡，逐漸塑造出他成年後獨樹一幟的人格魅力和處世智慧。

泰德在求學時就已經展現出熱情、溫暖、真摯、善良、冷靜與深謀遠慮的特質，因此在人際交往中深受喜愛與歡迎。高大挺拔的身材加上和藹可親的態度，使他在人群中不只脫穎而出，更有如鄰家大男孩般親切熱情，博得極佳的人緣。

這般獨具魅力的人格特質並非一蹴而就，也不是中規中矩在學校努力記誦教科書就能養成，那麼究竟是如何醞釀而致的呢？

事實上，聰穎的小泰德自幼善於察言觀色，在家庭生活中，他總是仔細觀察父母的言行舉止、行為細節，跟隨著母親的步伐待人接物，拓展心態視野，慢慢模仿、學習，潛移默化成今日的個人特質。

泰德人生中每一次大大小小的成功，背後都源於父母智慧的強力支援所衍生出的信心與勇氣；這分如根系與沃土般深厚的家庭親情，正是老天爺恩賜的深深福報，是天地贈與的大禮！

這分無窮無盡的愛與支持，不僅培養出泰德強韌且獨特的生命魅力，也為他日後的志業搭建起一座通往非凡成就的穩固橋梁。回顧這條人生的長河旅程，泰德衷心感謝他的家庭滋養；他明白正是這深厚的養分，使自己今生今世得享福報，成就精彩人生。

2.2 廣結善緣：敬天愛地常懷感激

比同齡人更為聰慧、成熟的泰德，在家庭成長的過程中，早已從父母的身上理解到廣結善緣的重要性。

小小年紀的他已經從生活中領悟到，若剝除周遭萬事萬物那令人生起煩惱心的表象，背後皆是掌握喜樂人生的修行之路；這條路不僅是建立人際關係的捷徑，更是促使生命更加圓滿的不二法門。

泰德將感恩之情無窮擴張、無限放大，無論對象是家人還是朋友，他總會感恩上天賜予他與人互動的每一段機緣。因此，他總能懷抱初衷，用最真誠的態度去對待每一個人。

這分「由衷的初心」促使他成為一位名揚國際的專

業身心靈導師，受到社會大眾廣泛的敬重與愛戴；他人生歷程的成功絕非偶然，而是與他正向樂觀的心態密不可分。泰德前進的每一步，都凝聚了源自家庭的智慧，涵蓋了父母雙方的殷殷教誨與自我成長的不懈努力。

泰德深深明白，雖然生命未來之路必將充滿挑戰；但只要堅持自身家庭的核心價值觀，保持對所有人、事、物的真誠和熱情，不論前路如何險阻、荊棘滿布，都將是一條充滿希望與機會的正道。他相信，只要持續向前，終將迎來柳暗花明的桃花源。

正是這分源自於家庭沃土的偉大力量，讓泰德在生活中、事業上都能憑藉智慧與毅力勇往直前，堅持「窮則變，變則通」，讓生命持續增上，激盪生命之河越發波瀾壯闊，逐步擴大自身的影響力。

他努力營造豐沛正向能量的同時，又將其傳遞給無數人，帶領眾人去影響更多人，萬眾齊心創造一個充滿「愛與感恩」和平燦爛的世界。

2.3 恪守家規：塑造獨特性格魅力

在靜謐的晚上，繁星熠熠點亮夜空，泰德獨自坐在書桌前、燈光下認真閱讀，思考著人生的意義。即使泰德出生在物質條件優渥的家庭，在他的成長旅程中，日子過得遠不如一般人對「富家子弟」的想像。

縱使家境富裕，泰德並不是一個被捧在手掌心，衣來伸手、飯來張口，處處備受呵護的小孩；他的童年並非一帆風順，相反地，他的成長之路充滿了諸多學習與挑戰。泰德和嚴厲父親的互動造就了他對現實生活獨到的見解，以及待人處事的應對之策。這些經歷，如同風雨洗禮，使他成長為根深柢固的大樹，枝繁葉茂。

他將這些寶貴經驗轉化為智慧，在作為身心靈導師的道路上，帶給無數人珍貴的啟迪以及力量；他用自

己的故事告訴世人，無論生活如何多變，唯有心中懷抱「愛與感恩」，並在日常中實踐，才能在漫長的人生旅途中釐清真相，找到真正的幸福與滿足。

由於父親是一位管教小孩極其嚴格的家長，幼年時期的小泰德總是戰戰兢兢，力保行、住、坐、臥中的每一個小細節皆符合家規，因為任何一絲一毫的偏差都會遭到嚴厲的批評斥責。

這樣的教育方式讓小泰德在家中感受到排山倒海般的壓力；他老是覺得連走路都不自在，害怕下一秒就觸怒面如寒霜、眼神彷彿能凝結空氣的父親，耳邊又傳來聲如洪鐘響亮的句句責罵：

「走路要抬頭挺胸啊！低頭在看哪裡？」

「走路就好好走，下巴抬那麼高幹什麼？」

「步履速度要控制均勻平穩，不要又跑又跳的！」

「誰准你鞋跟拖著地走路的！」

字字句句都讓小泰德心驚膽跳。就連在餐桌上用餐，也緊張地幾乎快喘不過氣，深怕不小心掉下一根筷子、落下一粒米飯，甚至杯盤碰出一聲輕微的「鏘」，都讓他感到羞赧罪惡，完全不敢抬眼看向父親。

與父親相處的每一分每一秒，總讓小泰德如坐針氈，權威式教育著實令他深感畏懼，他因此更加依賴母親，總是緊揪著她的衣襬，尋求媽咪的護佑，心裡直呼：「求求您快帶可憐的寶兒離開父親的視線，能躲多遠就多遠吧！」

幸運的是，當時父親經常在外地工作，總要等到假期才能返家。父親不在家的日子裡，小泰德就彷彿獲得假期的孩子，每天朝氣蓬勃、生龍活虎，快樂似神仙。他稚嫩的心靈裡經常偷偷祈禱「爸爸不要回來最好」；一旦得知父親即將返家，他的世界又瞬間從彩色跳回黑白，整個人氣息奄奄、無精打采。

泰德的童年雖然有大半時間籠罩在父親權威教育的陰影下；但這嚴格的家教並非只對心理發展產生負面影響，也讓泰德從中理解紀律感與責任感的重要，養成了分秒間謹慎行事的作風。

聰慧的小泰德逐漸摸索出避免與父親正面衝突的巧妙訣竅，這也讓他在潛移默化中培養了敏銳的觀察力，並造就出圓融的應對進退技巧。

在父親的高壓教育下成長，泰德行事顯得倍加穩當，也比學校的同儕更早領悟到一個重要的人生道理：作每一個決定之前都應該要極力深思熟慮，因為每一項行動產生的後果都必須自行承擔，無從卸責。

儘管這些深刻的領悟多數來自於父親的嚴厲斥責；在泰德漸漸長大後，終究明白責罵背後蘊含著說不出口的深沉父愛。正是這些聲色俱厲的教誨，最終為泰德的成長過程醞釀出獨具的寶貴養分，將他磨練為一個益發堅韌、穩重的人。

2.4 文學夢想：父親啟發創作靈魂

泰德經常看見父親屏氣凝神的背影，坐在寂靜的工作室裡，一待就是好幾個小時，手中的鋼筆如行雲流水般在紙上飛舞，規劃著如何配置每一筆資金，以期達到最大的經濟利益。書桌上成疊的企劃案卷宗，都是他嘔心瀝血的傑作。

泰德的父親是一位傑出的銀行家，自幼成績卓越，在多個領域都有出色的表現。他在激烈的職場競爭中總能脫穎而出、嶄露頭角，年輕時便已躍上職業生涯的高峰；更且，父親的才華不限於財經方面，觸角還跨界延伸到文學創作領域。

作為一名業餘作家，父親的文章和小說不僅在中央日報等知名報社上連載，還經常接獲國內外多家雜誌社的邀稿，並受邀出版了多本暢銷書籍，在在顯示父親的文學底蘊和思想觀點，廣受各界讚賞和推崇。

擁有讀者滿天下，才華洋溢、光芒萬丈的父親為榜樣，泰德自幼內心就對父親充滿了崇拜與欽佩。

他被父親的斐然成就深深吸引，這分孺慕敬仰之情揉雜著對父親個人才華的驕傲，更對父親終身學習、不懈精進的生活態度產生敬重之心。

因此泰德在心中默默立定志向，將來也要像自己偉大的父親一樣，成為一位多才多藝、積極進取的人。

他效仿父親的做法，一方面在各領域的學習中下足苦功，一方面嘗試起步自己的文學創作之路。

握著筆桿，泰德雄心勃勃地立下首項人生目標：順利完成一本屬於自己的著作，透過文字向世界展示自己獨特的觀點、情感與理念。

2.5 首書問世：跨越父子苦澀情愫

泰德的作家夢在他廿一歲這年順利實現，他人生中的第一本書籍轟轟烈烈出版了；這不僅是對自我努力的肯定，更是受父親教育和榜樣影響的一脈傳承。

站在人生的第一座小山頂峰上，回顧來時路，儘管對父親既景仰又畏懼；但也正是這樣複雜的苦澀情愫，化為驅使自身持續前進的最大動力，源源不絕地鞭策、引領著他，一回又一回地努力超越自己，堅持不懈，永不放棄，終有所成。

泰德深知成功並非偶然，亦非僅靠幸運之神的垂青，而是需要克盡人事，在正確的人生態度下持續自我精進的結果。在與父親的相處中，他學到了寶貴的處世智慧——如何在激烈的競爭中保持冷靜、在挫折中尋得轉機，以及在成功時依然保持謙遜。

這些如傳家寶典的珍貴人生守則，泰德在日常生活中已經實驗、印證過無數次，父親的處世智慧不只督促了他的個人成長，更讓他懂得如何激勵他人一同成長。

泰德逐漸歸整出重要的結論：每個人的人生都是一齣自編、自導、自演的戲劇。

思及至此，他內心自我期許著：「今生的劇本必須永遠充滿正能量，進而將其發揚光大，帶給眾人希望，並且要勉勵他人也能和我一樣，為生命撰寫出不斷超越自我的精彩篇章。」

泰德全然相信唯有自己才是自己命運的主人，這一切有何不可呢？

想像著未來精彩可期的人生戲碼，他對自己充滿無比信心；他深信只要自己堅持訂下的目標，不間斷地學習成長，永遠保持對生活的熱愛以及對未來的憧憬，就一定能夠實現自己的夢想。唯有一步一腳印地踏實向前行，方能在人生的長途旅程中，留下一連串清晰耀眼的堅定足跡，證明自身的非凡價值。

父親對泰德的影響長遠且深刻，正如同他從父親身上學習到的人生哲學——編纂人生劇本的重點，並非你生來處於何種位置，而是你將朝著什麼方向努力前進。

泰德將這些寶貴的教訓銘記於心，隨時都準備好從容不迫地迎接生活中的每一個挑戰，他下定決心用自己的行動和成就，來傳承、發揚家族的智慧和榮耀。

泰德的生命故事如同一曲激昂壯闊、震撼人心的樂章，激勵著無數人。隨著他的第一本書籍問世，他不僅走遍各地分享自己的經歷和見解，更一舉成為年輕人的燈塔導師，指引著他們在人生的無邊界海洋中順利揚帆啟航，旗開得勝屢屢奪標。

2.6 智慧啟迪：經典群書深藏奧祕

寧靜的午後，泰德獨自一人坐在窗邊的沙發上，吹著徐徐微風，聚精會神地翻閱手中的宗教經典。他深深被浩瀚無垠的玄妙宇宙所吸引，只要得空必定深入探索宇宙天地的奧祕、真理。

從小，泰德就像一顆能量飽滿的種子，對宗教和萬物的真理充滿了濃厚的好奇心。這分熱情也讓他在十四歲時就已遍覽群經，並開始認真研究、比較不同的宗教體系；無論是佛教、道教、儒教、基督教，還是密宗，他都能融會貫通，將教義詮釋得頭頭是道，聽聞者無不豎起大拇指歡喜讚歎。

然而泰德並不滿足於這些「小小的」成就，益發鑽研其中，愈加感受到冥冥之中似乎有一番更廣闊的天地在等著他。隨著時間的推移，這非凡的一日終於到來，他驚覺這些宗教在形式和教義上雖然存有些許差異；但在本質上卻有著共同的終極追求——理解宇宙與自然的根本真理。

這個石破天驚的領悟，如同春雷開啟大地生機，不僅大幅地拓展了泰德的視野，也顯著提升了他的智慧水準。從那一刻起，他猶如得到一把打開天機的鑰匙，開始無師自通地在音樂、詩歌、文章等多個領域學習精進，一步步取得了輝煌的成就。

在各種知識的學習研究過程中，泰德的身、心、靈也有了飛躍式的成長，甚至體驗到一種與天地相連、與宇宙共振的奇妙境界。

他領悟到當人與宇宙天地的本源相接通時，生命的諸多奧祕和創造力就會自然而然地顯現；在這種狀態下，不僅個人的技藝和智慧可以達到前所未有的新高度，人與人之間的關係，以及個人與環境之間的聯繫也變得異乎尋常的暢通和諧。

當年輕的泰德開始散發出耀眼的光芒時，再度展讀父親的手稿，經細心閱讀後意識到自己的文學造詣已然超越了父親；這不是出於私心對父親的不敬，而是一種對個人成長和成果的客觀認證。

儘管達到了這一階段性的斐然成就，泰德也沒有因此變得傲慢，反而讓他更加謙卑與感恩；因為在宗教的洗禮下，他明白這一切成就，並非單靠一己之力就可獲得，而是來自天地的許可與恩賜。

2.7 嚴父勵志：培養堅毅穩健人格

如今身為靈性導師的泰德，對自己童年至青少年時期所受的家庭教育，充滿了深深的感恩。這段經歷不僅塑造了他的人生觀，也為他日後的人生成就奠定了堅實的基礎。

雖然幼年時期經常因父親的嚴格教育而感到不自在，甚至恐懼萬分，但那正是他成長道路上極其重要的一環；父親嚴謹的性格和一絲不苟的管教方式，已在無形中養成泰德的堅毅性格和穩健人生觀。

在太陽盛德導師的成長歷程中，父親扮演著極為重要的角色，不僅為他樹立了目標和志向，而且在人格養成及知識涵養上，都對他產生了深遠的正面影響。

儘管那些時光在記憶中顯得灰暗，卻是一段幫助他蓄勢待發的人生序曲，促使他發展出獨立謹慎的人格，更讓他深刻感悟——有了宇宙天地的庇佑，即使當下處境艱難，往後人生的諸多美好事物，都將不求自得。

青少年時期的泰德習慣在屋頂露臺上，一邊沐浴著午後的陽光，一邊手捧著書，專注地沉浸在知識的海洋中；心靈隨之受到洗禮，任憑思緒如飛鳥般自由翱翔、無邊無際，不知不覺中落日夕照、晚霞美景映入眼簾，讓他更加著迷於探索宇宙天地的奧祕。

每到假日，為了避免不經意間的失誤招來父親的責罰，泰德常常獨自前往屋頂露臺潛心閱讀，或者躲到圖書館裡沉浸在書香世界中。

這些獨處的時光，遠離了父親嚴厲的目光和日常生活的喧囂，讓他的心靈得到前所未有的放鬆與安寧；他可以專注自在地汲取書中的知識，理解、消化、吸收，不斷地精進自我，於是他的思想和認知就在這個時期建立了深厚扎實的根基。

這段獨立成長的家庭經歷，讓泰德逐漸養成謹言慎行、恪守本分的性格；這種性格不僅為他日後的生活和工作奠定了堅實的基礎，在他為利益眾生、為社會貢獻一己之力時，更成為其牢靠的精神支柱。

父親的威嚴管教或許曾給泰德帶來巨大的心理壓力；然而，就像暴風雨後的太陽總會露出最耀眼的光芒，這種壓力反而成為泰德內心成長進化的催化劑。他深知父親的嚴厲是出於深愛，而這分愛轉化為內在力量，推動他一步步攀上成功的巔峰。

2.8 真理承襲：愛與感恩傳立家風

少年時期的泰德為了尋求苦悶心靈的慰藉，各類書籍成為他無所不談的知音、無堅不摧的戰友，大量閱讀不僅為他提供了逃離現實的避風港，更重要的是浩瀚書海成為他汲取知識的源泉，啟發他深入探索宗教和哲學的廣闊天地。

透過宗教與哲學的長期洗禮，泰德的心路成長歷程與眾不同。他逐漸明白一個真理：生命中的每一次挑戰和磨難，都不過是天地賦予的寶貴磨練。

像是父親疾言厲色的管教方式，即便讓他內心備受無情煎熬，依然是一段珍貴的緣分，更是上天促進他個人成長和精進的必要手段。

當自己親身通過這些烈焰般的課題考驗，果然證實世間的一切，無論是順境還是逆境，都是宇宙天地推動人類進步的課題。實際經歷這些嚴酷的試煉後，更加體會到這些磨練都是他靈魂成長的一部分。

如今在課堂上，泰德擔任身心靈導師的角色，最喜歡與學員討論父母與子女之間的微妙關係。他認為父母對子女的教育養成，絕對是孩子成長道路上不可或缺的積極力量。

為了幫助許多父母減輕教育孩子過程中的壓力，支持廣大孩童健全成長，培育未來的國家棟梁，導師還專門開設了「奪標」課程，讓孩子掌握正確的基本觀念、根本態度和基礎邏輯。此外，導師也經常在各類活動中表揚優秀學童，以激發他們的潛能和積極性。

太陽盛德導師常常分享自己與父親之間的生活小故事，希望激勵更多的父母與孩子，建立親子間互相理解、尊重和支持的溝通管道，灌注更多與家人相處時「愛與感恩」的養分。

他相信，父母應該陪伴孩子齊心面對生活上大大小小的挑戰，才能共同培養出濃厚甜蜜的親情；和睦的家庭氛圍以及家人之間的深厚情感，是提供孩子在人生路上成長茁壯的沃土。

他用自己的人生經歷告訴學員們，眼前遭遇的每一段困難時光都是天地的祝福，每一次磨難都是淬鍊靈魂的珍稀良藥；而「愛與感恩」是最珍貴的傳家寶，也是身、心、靈面對生活種種困境的精良武器。

輯三 母子心性一模樣

3.1 母愛如海：童年溫暖避風港灣

泰德擁有一副為天下眾生著想的慈悲心腸，溫文爾雅、風度翩翩，備受眾人擁戴；而這一切正是源於最親近的母親之影響。

清晨，啁啾的麻雀聲喚醒了幼年的泰德，他微微睜開眼睛，慵懶地伸了個懶腰，小小身軀貪戀著溫暖的被窩，賴著不肯起床。

「寶兒早安！要不要和媽咪去市場呀？」此時門外傳來母親溫柔的呼喊。

泰德頓時甩開睡意，帶著滿心歡喜一骨碌地跳下床，展開最燦爛的微笑，精神抖擻地回道：「當然要！媽咪，等我！」

整個早晨頓時充滿了神奇而未知的美好希望。他撓了撓亂糟糟的頭髮，害怕跟不上似的，迅速梳洗整裝完畢，慎重地向父親道聲早安後，迫不及待地拉著母親的衣袖，催促著快點出門。

原來泰德生長在一個嚴父慈母的家庭中。父親嚴格的教育方式總是讓他承受巨大的心理壓力；因此，他常常獨自一人躲到屋頂露臺或溜到圖書館大量閱讀各種書籍，藉此獲得心靈慰藉。

在屋頂的獨處時光裡，除了登高望遠、賞景修心之外，他總是忘情地遨遊浩瀚書海，飛快地汲取知識養分；而圖書館內琳琅滿目的書籍，彷彿為他打開了一扇扇通往宇宙奧祕的大門，讓他一次次驚豔於世界的奇妙，對天地之宏偉讚歎不已。

此外，溫柔的母親也是泰德心靈的避風港，母親的暖心陪伴，讓他獲得全然的撫慰與安心。

當他在生活中感受到壓力或困惑折磨時，只要親近母親，泰德臉上因緊張而略顯剛硬的線條就會漸漸柔和下來；母親輕柔的話語和溫暖的懷抱，總能在他最脆弱無助的時候，給予最佳的支持和鼓勵，讓他重新振作，勇敢向前行。

3.4 愛出愛返：安享天年獨家祕訣

泰德的母親在人群中如同明珠般閃耀，因其溫柔與善良的特質而在人際關係中左右逢源、如魚得水；無論是受邀出席各種聚會，還是與朋友們輕鬆閒談，她總能贏得大家的喜愛和尊重。

小泰德時常陪伴母親出席這些社交場合，過程中他不僅學到了人際交往的技巧，更深刻體會到母親那分無私的愛與關懷。

聚會中大家通常會精心裝扮，每人帶些小點心，輕鬆愉悅地互相分享日常生活點滴，交換一些新奇資訊，增長彼此見聞。

泰德總是靜靜地坐在一旁仔細觀察，他發現母親總能保持熱情，親切地與大夥兒相處，且從來不談論別人的八卦，而是大方地與人討論生活的心得，像是如何在人際交往中增進感情，或是將麵條煮得彈牙的祕訣。母親的笑容和智慧常常博得滿堂歡笑，成為聚會的亮點。

回憶起母親愉悅的聚會時光，她那種恪守本分、不亂嚼舌根的氣度，正是她深受大家喜愛的原因。母親待人接物的每一幕，都讓泰德深深體悟到和顏悅色、真心誠意的強大作用力。

正所謂「身教勝於言教」、「以身教者從，以言教者訟」；無疑地，母親的風範已在泰德小小的心靈播下真善美的種子，培養出泰德往後「寬以待人，嚴以律己」的崇高德行。

在獲得天地恩賜「太陽盛德」名號的那個神奇夜晚後，泰德花了很長一段時間細細分析母親的生活點滴；他總結出母親的善心與慈悲，是她晚年身心健康、安享天年福報的關鍵。這番體悟讓泰德深深明白，世間一切

「愛出愛返」的宇宙定律與天地真理。

他思索著，假若世界上的每一個生靈都能尊重天地、順應天理、合於天心，相信這個宇宙必將回報給每位地球居民豐盛的恩典；而這樣的啟發讓他更加堅信「善有善報」的理念。母親的身教激勵著泰德不斷地在愛中學習、成長，他不只從母親身上學到善良仁厚的待人處事之道，同時養成了慈悲心與同理心，具足了天地之中萬事萬物皆與我為一體的胸懷。

回憶年幼時，泰德每每在父親的責難中備感驚惶；然而一投入母親溫暖的懷抱，旋即找到了情感的慰藉和心靈的安寧，種種不安頓時獲得了紓解，臉上也恢復了笑容，使他更加清楚地認知到：「媽咪不僅是我的避風港，更是讓我學習到如何懷抱更多寬容與愛心去看待世界的典範。」

透過母親的悉心引導，泰德逐漸學會了理解和寬恕的重要性，並懂得如何在生活中締結善緣；凡此種種將其塑造成一位處事圓融、待人和善之人，無論身處何地，他都能廣受人們的歡迎與愛戴。

溯源自母親的慈愛與身教，不僅為泰德的成長提供了永恆的支持，更是漫長人生旅途的心靈寄託與力量泉源，使其能堅毅勇敢地面對生活中各種挑戰。母親對他的影響深遠而廣泛，鄰家男孩般的泰德，一直以來保持著善良與正直，心胸始終開闊，樂於與人分享他透過實驗得來的宇宙天地真理。

而這一切也彰顯了泰德熱愛實驗的精神——人生的意義不僅在於世俗的功成名就，更在於與他人建立良好的互動關係，與宇宙天地維持和諧的同頻共振，以進一步獲得靈命的提升。

他在生命藍圖中畫下一個最高峰，暗自期許自己以「能快就不要慢」的積極態度，解救全世界各地深受生活打擊、身心靈不聚合的人們，並與所有的善良有緣人，攜手共創一個益加美好、和諧、幸福的未來世界。

3.5 新奇世界：不斷運轉花樣百出

懂事乖巧的泰德在家中排行老三，除了哥哥、姊姊外，還有個弟弟。當哥哥、姊姊開始背著書包開心上學後，小小泰德在家中沒有年紀相仿的玩伴，但他並不感到寂寞。對他來說，世界就像一條流動的河流，每個生命都有自己的去處。

因為懼怕父親雷霆萬鈞的喝斥與威嚴，在習慣躲著父親、緊緊跟隨母親忙進忙出的小泰德眼中，母親儼然成為他的全世界；不僅是知己和玩伴，更是天地賜予他的啟蒙老師。

由於家中兄弟姊妹眾多，母親總是整天忙得團團轉，夜以繼日地打理家務，沒有多餘時間關注新事物；這剛好讓早熟懂事的泰德，成為母親接觸、嘗試新事物的代理人，總是第一時間去探詢、瞭解，然後全力向母親推薦最好最新的事物。

「又香又醇的花生油！營養豐富的花生油來了！」

某個午後，泰德正在家中看書，突然聽到窗外傳來響亮的叫賣聲，他放下手中的書本，好奇地跑到窗邊探頭張望。

只見一位賣貨郎騎著腳踏車，手搖撥浪鼓，載運著一桶神祕的東西，慢慢進入社區中心，而後在離家不遠處的樹蔭下停了下來，接著周遭陸陸續續圍起了一群婆婆媽媽，這位老闆開始介紹起產品。

小泰德躡手躡腳地偷偷溜出門外，想去探究老闆賣的是什麼，等確認是好東西再回家向母親稟報。他鉅細靡遺地向母親轉述產品優點，不久之後，花生油順利取代了家中長期使用的油品；之後紅花籽油、沙拉油等也都在小泰德的大力推薦下，輪番進駐家中的廚房。

在小泰德眼中，世界是如此新奇，永不停歇地運轉出新花樣。他對於各種新產品的訊息總是格外敏銳，每當瞭解到新產品的妙用時，便飛奔回家，興奮地介紹給母親，費盡脣舌想讓她答應嘗試。

每回聽完泰德的解說，母親總是驚訝不已，她感嘆這孩子怎麼會有如此成熟的思考能力和細心周到的態度，竟然可以統整出一套邏輯完整的產品分析。結果往往是母親大手牽著泰德的小手，歡喜驕傲地前去購買。

每當為家裡成功引進新玩意兒，小泰德都會感到特別興奮，彷彿立了戰功似的歡欣雀躍，心想：「又讓我們家跟隨時代演進，向前邁進一大步。」

這段經歷不僅讓小泰德學會了如何與人相處、怎樣締結善緣，更培養出優越的直覺判斷力和洞察力，為日後成長奠定了堅實的基礎。他深知每個新嘗試都是一次風險；但正是樂於冒險的精神，讓他成為家中最值得信賴的小幫手，也成為了母親的貼心小英雄。

3.6 務實好禮：母親節的特別心意

念幼稚園大班那年的母親節前夕，小泰德如常搭乘幼稚園校車返家。

當娃娃車在社區大門一停靠，他便急忙跳下車，興奮地從書包中取出過年時積攢的壓歲錢，緊緊地抓在手上，三步併成兩步地趕往家門附近的雜貨店，精心挑選了一瓶市面上最新推出的「神奇去汙粉」，準備作為母親節禮物。

「咦！這是什麼？」母親接過禮物的驚喜溢於言表，更開心這孩子竟然可以發掘出如此新奇的產品，既實用又方便，幫忙自己事半功倍地完成家務。

原來多日來，小泰德一直暗暗盤算著要選購一份既

天工
萬能強力去污粉
去污！打光！一次完成

新穎特別，實用性又高的禮物，讓母親享有更便利的生活，以表達對母親養育之恩的感謝。

因此，泰德經常在母親的身邊打轉，不放過一絲一毫暗中觀察的好機會，藉此得知她的喜好與需求，成功展現「送禮送到心坎裡」的濃濃孝心與超齡智慧。

如今的太陽盛德導師具備洞悉人心、合於天心的長才，無疑是自幼從家庭中萌芽培育而成；幼時的家庭環境訓練了他獨特的觀察能力與細膩心思。

小泰德平日在家總是耐心地注視著母親的一舉一動，無論是廚房烹飪或是洗曬衣物，還是其他日常家務，皆毫無遺漏地細心留意。

家中的各個角落，總能留下他用心檢視的足跡；不僅認真觀看母親做菜流程，更會細心記下她需要的調味料和油品。每一次當父母親接受他的建議，願意買下既中意又新潮的產品時，他就感到無比的自豪和滿足。

3.7 分工協作：家務分類精細管理

「我可以幫忙洗碗！」還在就讀幼稚園中班時，貼心的小泰德就主動提出要幫忙洗碗，以減輕母親的負擔；然而，當他飯後向母親說出這個建議時，卻遭到父母極力反對。

「寶兒還這麼小，怎麼可能會洗碗？」擔心他年紀太小，無法勝任這項工作，母親微笑地搖了搖頭。

「要是打破碗盤受傷怎麼辦？等你長大一點再給你洗吧！」父親則顧慮他會不小心弄壞碗盤、傷了自己，一臉嚴肅地拒絕了。

但小泰德卻一再信心滿滿地堅稱自己能勝任這項工作，要求父母給他機會證明自己：「我就是會洗，讓我洗一次嘛！你們就會相信了。」

他堅定的態度令父母相當驚訝，眉宇間的自信神情卻也令他們不禁心生期待。一試之下，小泰德果然不負眾望，展現出優秀的洗碗技能；不僅洗得乾乾淨淨，甚至懂得將碗盤分類收拾，顯示其細心度與責任心。

母親對他的超齡能力驚喜交加，讚歎地向丈夫表示：「一個小小孩居然能洗得這麼乾淨！甚至懂得把碗盤分類收拾！」

從那天起，泰德便成了家中的小小洗碗專家。泰德的這項創舉，也引發了家庭的新變革。父親決定要求孩子們輪流洗碗，這讓兄姊十分不滿，紛紛抱怨：「明明只有老三提議要洗碗，為什麼要把我們全都拖下水？」

然而，小泰德的成功洗碗經歷，不僅讓母親感到溫馨與感動，更得到父親難得讚許的目光，同時也為全家人帶來了新的良好習慣與互助精神。

3.8 初次下廚：父親沒說出的讚賞

小學二年級的泰德已經長高許多。前些年家裡又添了一個弟弟，使得母親在照顧四個孩子和料理家務之間顯得有些分身乏術。

某一天中午放學後，泰德看見母親在房間裡忙著照顧小弟，於是他便心血來潮走進廚房，站到高高的灶臺前，決定嘗試自己備料煮麵。

不一會兒，他順利煮好了麵，便輕手輕腳地來到房門口探看母親。他發現母親還在哄小弟入睡，便悄悄地先回餐桌填飽自己的肚子，然後另外舀了一碗放在餐桌上，準備讓母親享用並評分。

怎料剛巧父親提早返家，飢腸轆轆的父親看到桌上

一碗熱騰騰的麵，以為是太太貼心準備的，就呼嚕呼嚕地大口吃起來，吃完還意猶未盡地前去向太太稱讚道：「今天這麵煮得真好吃！」

母親聽得一頭霧水，回神後才答道：「咦！可是我一直在房裡照顧小兒子，還沒來得及做飯呢！哪裡來好吃的麵？」

搞了半天才知道這碗麵竟然是泰德下廚煮的。父親當下半信半疑地說：「這麼好吃的麵，怎麼可能會是你做的？」

泰德急得漲紅了小臉，不服氣地回應：「是我，就是我做的！」

母親更是驚訝極了，一面摸著泰德的頭，一面輕聲細語地對兒子說道：「寶兒呀，不是我們不相信，只是你爸爸可是個『饕客』，對食物可挑剔了！有宴會時非高級餐館不參加，你小小年紀又是初次下廚，煮的麵怎麼會合他的胃口呢？」

好勝的父親為顧及面子，依然嘴硬地表示：「應該是我剛好肚子餓的關係，才會覺得特別好吃。」

一旁母親顧念泰德的感受，笑容滿面地出言緩頰：「原來我們寶兒還有下廚的天賦喲！媽咪就知道，不管什麼事，只要寶兒想做的，都可以做得頂呱呱！」

泰德漲紅的小臉蛋終於再度綻放出笑容，一股甜蜜的滋味湧上心頭，不禁得意地表示：「媽咪，您稍等一會兒，寶兒這就再去幫您煮一碗麵。」

母親看著眼前這個既懂事又貼心的兒子，舐犢情深全寫在了臉上，溫柔地說：「媽咪自己來就好，你先去做功課吧！」

泰德聽話地點點頭，心滿意足地連跑帶跳，輕快地消失在這對嚴父慈母的視線外。泰德深刻明白，溫馨滿溢的親情不僅是心頭的一股溫暖柔情，更是繁雜生活中的一抹清新綠意，永遠都是指引他在幽暗道路上堅定前行的重要羅盤。

他始終懷抱著一顆充滿「愛與感恩」的心，深切地渴望將這分美好與智慧，大方傳遞給身邊的每一個人，

讓這股源源不絕的正能量得以在人間持續擴散、不斷輪迴。「傳遞愛與感恩」已然成為他今生最重要的意義與使命，也是他一生努力不懈的動能之源。

帶著從父母那裡獲得的寶貴經驗與教訓，泰德的內心充滿了感恩和尊重。他深知前方的道路可能充滿艱險、滿布荊棘；但只要保持對學習和成長的熱情，恪守從家庭中熏習而來的處事之道，就能夠運用自身的智慧，逐步克服眼前的挑戰。

這樣的信念隨時激勵著他勇往直前，無畏地邁向人生的每一段旅程。

仰望星空，宇宙因為無數閃爍的繁星而永恆燦爛。如今泰德效法宇宙，希望能將自身的經歷和領悟分享給更多的善良有緣人，幫助所有人找到今生的方向、價值，綻放生生世世的永恆光輝。

輯四

靈性覺醒見實相

4.1 古寺漫步：甘露灌溉滋養心靈

蟬聲唧唧的夏日午後，太陽的炙熱將嘈雜的人聲和車響都消融在靜謐之中。泰德再一次來到那古樸莊嚴的寺廟旁門，準備享受他一如往常的午後修心時光。

他伸手推開那扇沉重的深褐色木門，伴隨著微微「嘎嘰」聲響，低下頭跨過高高的門檻，踏入這個此刻唯一能給予他心靈慰藉的世外桃源。

廟裡的規矩繁多，門檻的高低代表著廟裡神明的位階，一腳跨越門檻，形同跨出了擾擾紅塵，進入了神佛的神聖領域。

「唉……」泰德的心情就像眼前那顆羅漢松樹枝葉間垂掛的蝶蛹，孤寂而無助地等待著歲月的安排。

泰德大部分的家人已移民到遙遠的美國，然而他卻因為「役齡男子必須先履行兵役義務後才准許移民」的規定，還得繼續留置在臺灣，焦慮地等待著不知何時到來的入伍通知單。

「哎，也不知老天爺如何安排我的未來？」這青黃不接的境況令泰德心情格外苦悶、煩躁和不安。

唯有進入這片神聖之地，與佛像莊嚴、香煙裊裊、梵音繚繞的廳堂為伴，泰德的內心才能享有片刻緩緩的清涼、安靜、安穩與寂滅，原先鐵青的臉色也才得以逐漸和緩，不再緊繃。

凝視著荷花池裡從繁雜綠葉中堅定伸長、挺直脖子的菡萏，不知不覺中，胸中似乎湧出一股神奇的安定力量，混沌不明的思緒漸漸恢復了往昔的澄澈與平靜。

泰德的眉宇剎那間綻放出舒緩安然的神情，心中靈光一閃浮現出「永保赤子心，笑看雲彩間，一切交給天」等一連串的字句；泰德反覆咀嚼，嘴角忍不住泛起微微笑意。

「泰德啊泰德！你的道行、智慧難道只有這麼淺薄嗎？多年來的修行火候，怎麼就禁不起一張兵單的折騰與考驗？」他輕輕晃了下腦袋，拍拍腦門，微微嘆了口氣，嘴裡喃喃地自嘲。

這一嘆，心中的那顆大石頭似乎稍稍有些鬆動了，不再那麼地沉甸甸，壓得他喘不過氣。

他深深吸了一口氣，感受著四周圍的寧靜和香氣。這片刻的清涼和安穩，如同一陣甘露及時灌溉了他焦躁乾涸的心靈。

泰德頃刻心下清醒，不再讓無法掌握的未來困擾自己，而是要用心去迎接每一天、每一刻，珍惜當下的每一個分秒瞬間。

天圓寺
一切交给天
笑看雲彩間

4.2 神祕禮物：
接通天地萬物合一

泰德像往常一樣，來到寺廟後院的安靜角落。樹影掩映下，涼風徐徐吹來，他閉上眼睛，深吸一口氣，感受天地間每一花、一草、一沙、一石的清新氣息，想像著自己已經融入大自然，成為一粒沙。

隨著時間秒秒地流逝，心中糾結成團的煩悶焦躁，絲絲縷縷逐漸被風吹散。恍惚間，蟬聲唧唧，彷彿引領著他踏入了一片未知的萬花叢中。

他調勻氣息，再次輕輕呼吸、緩緩吐納，專注嗅聞著空氣中豐富多樣的花葉香，層層分明，連青苔濕潤氣味都清晰可辨，好似自己已經完全與大自然合而為一，心中宛如細沙一般輕盈。

日復一日，泰德不斷地練習這套「接通大自然」的心法。他融入自然的速度飛快，好似一片片被清風吹起的竹葉，瞬間發出沙沙的聲音，幾乎在須臾間便達成合一的狀態。

「這就是所謂萬事萬物『合一』的狀態？」泰德驚歎地自問。能在大自然與紅塵間瞬時轉換、穿梭自如，這令他覺得妙趣橫生。

出定之後，泰德心底默默感謝這座讓他暫時遠離世俗紛擾的避風港，更不由得對大自然的這份「神祕禮物」生起感恩之情。

這裡不僅是他尋找內心寧靜的所在，也是驗證「愛、包容以及謙卑」的道場；寺廟的每一磚、每一瓦、每一景、每一物，都在默默地教化他，如何以豁達的宇宙心胸、雪亮的天地之眼，去理解和接納紅塵中那些看似荒謬不合理的人、事、物。

泰德漫步在寺廟的長廊下，發現陽光透過屋簷間的縫隙，灑下濃淡相間的光影，讓周圍變得柔和優雅，造就一片清涼勝境。

這不正是俗世中的人生寫照嗎？儘管喜樂、悲苦交織，卻有著最巧妙的平衡；若無火熱光彩，則得不到清涼影境，生活中的每一刻都異常珍貴，值得珍惜。

「對啊！那我又有何孤單可言呢？」泰德雙手一拍，心中像是開挖到一股新的源泉，隨著「嘩」的一聲，湧出了沁涼而奇妙的喜悅。

從此他明白自己實際上並不孤獨，因為他的境界已經躍升、拓展為無窮無盡的天地，充斥著大自然取之不竭的愛與支持；這個深刻的領悟，讓他的心中滋生了一股前所未有的和諧感。

他腦中浮現經句：「前念著境即煩惱，後念離境即菩提。」心頭那些黑壓壓的「煩惱念頭」，剎那間已被

一股祥和的氛圍所消融，與塵土混雜為一體，隨即慢慢升上天空飄至遠方，消逝得無蹤無影。

那天，泰德離開寺廟的時候，步伐明顯更加地堅定、輕盈了，背影不再是數月前入廟時那個低著頭、躊躇不安的「盲狀」年輕人。

泰德的心靈彷彿獲得了仙泉的滋養，他感激這段時間的磨練，讓他學會如何善用這顆更加開放、包容、感激和謙卑的心，去面對一無所知的艱鉅未來。

「今日的我啊，不就是一個入山練就絕世武功的勇士嗎？即將學成下山，迎向未知挑戰，此刻正渾身充滿著勇氣！」泰德一念至此，瞬間被天地的安排所感動。

他滿懷感恩地跨出寺廟的門檻，信心十足地昂首闊步，走向熙攘的人群車陣之中。無論將來的道路如何曲折險阻，他已打開心門，準備好以嶄新的生命面貌去迎接、擁抱未來。

4.3 高人點化：心開意解智慧泉湧

泰德喜歡和寺廟裡的僧人交談，從他們的智慧話語中，他領悟了更多關於如何感恩、寬容與悲憫眾生的真諦；每一個故事、每一句教誨都像是一束溫暖的光，照亮了他內心的黑暗角落。他逐漸明白，每一次挑戰都是一個成長的機會，每一回挫敗都藏有一分天地的恩典；他學會了感激每一個幫助他成長與突破的人、事、物。

那日清晨，天方破曉，廟中寂靜無人，晨鐘尚未敲響，泰德已經在廟裡幹活，如平日般仔細擦拭著每一尊佛像上的塵土汙垢。

忽然，有位老者輕盈地一箭步踏入寺廟；泰德抬頭一瞥，只見老者臉上滿布一道道的皺紋，宛似神像雕刻家在佛窟中以尖刀刻畫的歲月痕跡。然而，老者的嘴角始終掛著一抹和煦、自在的微笑，舉止步伐優雅如翩翩漫步在雲端；墨色的眸光清澈深邃，像兩口深井或天上的星辰，能隨時看透塵世的一切煩惱與掙扎。

泰德被這位老者的氣質深深吸引，停住了擦拭的動作，愣怔了不知多久，內心翻湧著一股莫名的敬意與好奇，他索性收起手中的工作，走上前殷勤地鞠躬問候老者。孰料老者一開口，聲柔氣足有如天降甘霖；更奇異的是，兩人竟像是久別重逢的知音舊友，不消一刻即相談甚歡，深感心靈契合。

泰德專注聆聽老者滔滔不絕的妙語，其對於宇宙與靈性的深奧見解讓他震撼不已；每一句話都像是天地巧妙安排的及時雨，滋養著泰德長期焦渴、失落的心靈。

老者與泰德親切地分享自身的人生體驗，與一般眾生不同的是，事事皆提及愛、包容、友善、和諧、寬容、謙卑與感恩的重要性，每一句話都如暮鼓晨鐘，敲擊著泰德的心靈，似乎有人重重扣擊著他的心門，急切

地喚醒他內在深處尚未被開啟的覺性。

「鏜——」洪鐘初叩，伴隨著清揚的裊裊梵音；與此同時，老者的話語如同仙境的清泉，滌淨泰德心中的不安與迷惘，又注入一股前所未有的清明澄澈、寧靜豁朗。這一瞬間有如神助，泰德的心門突然被徹底推開！

泰德迫不及待地以全新眼界重新審視自己的人生與周遭的世界，意識到所謂的「生活」不僅僅是個人的得失與挑戰，更是盡情演繹如何以開放、好奇及感恩的心，去體驗和感受生命中的每一場相遇。

他學會了分秒間都要對周遭的人、事、物，保持一分溫柔、謙卑的心態，不僅僅是在寺廟中如此，日常生活的其他方面也應該融入執行。

從此，泰德每天一踏進寺廟中就伸長脖子舉目四望，渴望再見到這位與眾不同的老者，期盼能有更多機會向其請益，聽聞宇宙天地奧祕的知識與真理。

4.4 境考重挫：二元現前不堪一擊

經過幾日的心靈交流，泰德對老者的尊敬與仰慕達到頂點；然而，就在那個看似微不足道卻又致命的瞬間，一切發生了翻天覆地的變化。

那天，老者隨手從上衣口袋中取出一把打火機，正準備點燃祭拜用的線香；泰德定睛一看，發現上面竟貼著一張「性感美女圖」，內心瞬間充滿鄙視和失望，「搞什麼！這人的境界也不過如此」。

他無法相信，眼前這位自己所深深敬仰的高人，竟會使用如此低俗、令人不屑的紅塵物品。

那一刻，泰德純淨的心靈猶如遭受重重一擊，他的尊敬與仰慕之心瞬間化為烏有；但更加糟糕的是，他沒有意識到自己在毫秒間的起心動念，這些內心的微妙變化已經被老者一眼看穿。

老者那宛如黑洞般懾人心魄的深邃眼神，只是靜靜地落在了泰德的身上，脣瓣依然掛著那一抹和煦、自在的微笑，沒有責怪、無須解釋，空氣中卻凝固著令人窒息的靜默。

也不過微微秒之間，原本光芒萬丈的歡樂天堂，硬生生幻化成暗無天日的酷刑地獄。當下泰德的內心如暴風雨中的大海般波翻浪湧，待覺察到氣氛不對勁時，抬起頭定睛一看，老者已揚長而去，那個看似與一般人無異的熟悉背影倏地消失在視線外。

泰德的臉龐瞬間如同火焰燃燒般燥熱，心中感受到前所未有的羞愧與懊悔，自責多時的修行功夫竟然如此薄弱，禁不起一小粒太倉稊米的考驗。

「可惡！我的境界也不過如此！『心』竟然還有好

壞、對錯二元對立的世俗思維！」他萬分懊悔自己的得意忘形和自以為是。

他開始急切地反思自己曾經興起的每一個念頭、每一次評斷：「該死！怪我自己修行太膚淺！自鳴得意的功力簡直不堪一擊！原來我的眼界還如此狹隘，真是個坐井觀天嘓嘓叫的傻蛙！」他懊惱地敲著自己的腦袋。

剎那間，他的心波化為一面明鏡，在明鏡前突然看清了自己的不足之處。這是老天爺給泰德上的第一課——「一地菩薩不知二地事」，千萬不可用自身短淺的思維去度量任何人，因為人不可貌相，我們永遠無法從外表判斷他人的境界。

老者消失在泰德視線中的那天，所留下的深刻教訓——「修行不僅是對外界的理解，更是對內心的審視與超越」，促使泰德心中燃起一股新的力量。他決心要超越自身的侷限，以更加寬廣、包容的心態，去檢視、面對生活中的每一個考驗。

4.5 返視內照：入世修道自我超越

這一課之後，泰德澈悟何謂「真正的謙卑」，他決心絕不再以外表去評判一個人的內在修為。「打火機經歷」成為他內心深刻的警鐘，促使他展開一段奧妙的內在轉變之旅。

當頭棒喝的第一課讓泰德不再僅僅是一名寺廟的志工，只有形式上的參與；而是脫胎換骨，成為一位真正從內心潛修參悟的修行者。

他不只仔細觀察前來參拜的善男信女心中所思所求，也更加專注於自身的靈性成長，面對周遭世界的理解與包容也更為真切，不再以二元分別心看待。

經過數月暮鼓晨鐘的熏習，天生聰慧的泰德已然能夠如同入定僧侶般，以慈眼視眾生；然而與廟中比丘不同，他毅然決然走進凡塵之中，入世修道。

踏上了修行的入門階，泰德決心走上研究佛學與哲學的道路。

此舉在同年齡忙於尋歡作樂的朋友看來索然無味；但他卻熱切地全心投入，只為尋找生命的真諦和追求自我的超越，猶如踏進滿地奇珍異寶的桃花源一般，怡然自得，喜不自勝。

日復一日，他的心態和舉止發生了顯著的變化，內心變得更加平靜、豁達、寬容與廣闊，眼瞳中也逐漸散發出如同那位啟蒙老者的光芒。

他不再只是單純地追求知識，而是將每一次的學習與修行，慎重地視為一場場心靈的淬鍊饗宴。

4.6 靈性導師：希望之燈照亮前程

當蟬聲再度響起時，泰德的啟蒙老者卻彷彿從人間蒸發，再也不曾出現在他的面前。或許，老者已經完成提點泰德的使命，繼續前往下一站旅程；然而，如今見與不見都不再重要，老者已常駐在泰德的內心深處。

泰德永遠記得那寶貴的「打火機一課」——所謂的「智慧」，不是來自於他人的尊敬或地位的尊貴，而是出自內心的清淨與靈命的提升。泰德對「生命」二字洗鍊出一番全新的見解：每一個人都有自己的路要走，每個心靈都有專屬的課題需要完成。

他深知今生前來地球道場一遊的使命，就是以一顆謙卑開放的心，去感受、理解、愛護、引導，並喚醒紅塵中人內在靈性的力量，幫助眾生提升靈命。從此，他開始以超脫俗世的視角重新看待世間萬物，欣賞每一個人的獨特性和多元性，教導人們如何在與他人的交流中，尋找內心的平靜和喜悅；如何在日常生活中如法實修，進而實踐宇宙間最強大的力量——「愛與感恩」。

泰德成為眾人在黑暗道路上前行時，不可或缺的指路明燈，同時也是一位如鄰家大男孩般平易近人，充滿愛心的靈性導師。

在泰德的心中，那位神祕的老者就像是一位浪跡天涯的遠行客。雖然他們再也沒能相見；但是留給泰德的智慧和啟示，猶如一盞希望之燈，將永遠照亮他的前程，為他指明心靈迷途時的正確方向。泰德心知肚明，老者的出現絕非偶然，而是生命地圖中必然的一段際遇，是命運的安排、天地的恩賜。

這分奇妙的因緣與深刻的認知，使泰德更加珍惜、重視與他人的每一次相遇與每一段經歷。他漸漸明白，任何一個人進入自己生活的瞬間，都是為了傳達某種特定的信息，或是為了教會他明辨生命中某些珍貴的吉光片羽。因此，他學會了永保感恩的心去對待每一個人，無論此人帶給自己的是快樂還是挑戰。

泰德毅然行走在凡塵的道路上，成為一個備受敬重的靈性導師。他的講座不只是經文的闡述，更是心靈智慧的分享；他的學生遍及全球各地，從繁華的城市到寧靜的鄉村，每一個聽過他講課的人，都能感受到內心的啟迪和靈魂的洗禮。

4.7 回首許諾：
重返故地緬懷貴人

泰德向來是個念舊重情的人。退伍後，便著手辦理離臺赴美的手續，他心想：「這一次離開，不知何年何月才會再返臺，上飛機前，再去寺廟走走吧！」

某個酷熱的午後，泰德又來到熟悉的寺廟門前，望著那條曾經走過無數次的小徑，心中漾起感激的波瀾，雖然臉上綻放出微笑，但內心卻是離情依依、萬分不捨。他清楚知道，曾跨出的每一步都是成長的軌跡，每一個遇見都是生命的恩賜；而他真正的生命之旅才剛要啟程出發。

泰德踏上熟悉的石階，每一步都蘊含著過去的回憶和對未來的期待，彷彿要向過往那段迷茫的成長歲月道別；他輕輕撫摸著寺廟的門柱，感受著那分靜謐與安

詳。接著，泰德特意走到當初瞥見打火機的位置，也是他與老者緣起又緣滅的地方。他停下腳步，注視著那片空地，好似能看見當初那位神祕老者的身影。

「謝謝您教會我的一切！」泰德對著虛空向神祕老者表達心中的敬意與感謝，那句幾年前無緣當面表達的話語，終於在此刻得以釋放。

自從那位神祕老者走進他的生命，泰德的內心世界發生了翻天覆地的變化；他不再是那個只知道追求紅塵俗世功成名就的平凡年輕人，而是自許成為一位高瞻遠矚、心懷天下的得道聖者。

在這一刻，泰德感受到一股無形的力量從天地間湧來，彷如老者的智慧依然在指引著他。他深吸一口氣，感受那分內在的平靜與力量，心中堅定地作出承諾——無論身在何處，都要以「愛與感恩」為本，走出一條屬於自己的靈性之路。

4.8 聖道覺醒：愛心打造精神家園

如今，泰德已不再是那個在寺廟門前漫無目的、躑躅徘徊的年輕人，而是一位智慧如海、通達無礙的靈性導師，指引著不計其數的苦難眾生。

他的生活充滿了意義和堅定的目標，四處熱情地分享自己的經歷和故事，啟發一個又一個前來尋求內心平靜與自在的迷惘靈魂。

在那些平靜與充滿教誨的日子裡，泰德遇見了許多前來尋求心靈解答的人們，其中有悵然若失的失意者、有迷茫頹喪的傷心人，也有尋找方向的年輕人。

泰德以接通天地而獲得的智慧，為這些人指引生命確切的出口，毫無保留地分享自身的各種經歷與領悟。

他的智慧話語猶如一道道溫暖的陽光，驅散烏雲帶來光明，照亮了徬徨無助人兒心中的黑暗，幫助他們找回了自我，同時擁抱無限希望。

泰德的出現啟動了潛藏在人們心中的無形力量，他以溫暖人心的言語，引導眾人走向光明與和諧的國度。

他所闡述的義理簡單而易行，不僅助益自身的靈性修行，更將這分天地之愛延伸到更廣闊的世界角落，讓每一位來到他身邊學習的人，都能感受到如同老者那般無私的大地甘霖。

韶光荏苒，隨著季節更迭，寺廟老榕樹上的蟬鳴聲起起又落落。那個兒時看完《超人》電影，心中隨即激起「有為者亦若是」宏願的小男孩，如今已經長大成人；心靈深處那簇助人的火苗，在打火機事件的助燃下益發熱烈、成熟。

如同一顆夢想的種子，悄悄地在土地上生根滋長，在未來即將成樹成林，幻化出一片芳香沁人、生生不息的人間桃花源；這片桃花源不僅是泰德心中的理想國度，更是他用「愛與感恩」為世人打造的精神家園。

他的智慧與慈悲有如循環不息的暖流，隨風吹送至世界每一個角落，滋潤每一株渴望覺醒的靈魂之苗。

輯五 千錘百鍊中成長

5.1 學業至上：少年時光乏善可陳

泰德排行老三，上有一個哥哥、一個姊姊，下有一個弟弟。從小，泰德和兄弟姊妹們因父親的嚴厲管教，關係維繫得非常緊密，經常是牽一髮而動全身；他們的生活總是彼此連動、相互牽纏。

每當哥哥姊姊的行為或課業有些差池，不僅他們自己會被父親責罵，連帶泰德也會被牽扯進去同遭責罰，有時候甚至被牽連得莫名其妙，令人摸不著頭緒。

同樣地，如果弟弟出了差錯，泰德也會因為沒能監督好弟弟而受到責備；好事沒有分，壞事卻難逃其責，這也許就是排行老三的宿命。

泰德的父親是一位出身富貴家族的闊少爺，血液中的正統基因註定其一生榮華順遂、受人景仰，因此他總認為「天下沒有我做不到的事情」。他的求學生涯一路順風順水，沿途總是化不可能為可能，最終考入了臺大商學院裡的優秀系別就讀。

對於泰德的父親而言，勤奮苦讀意味著「成功必定有我」，除了苦讀這招，絕無其他取巧捷徑；也唯有刻苦地將學問知識銘刻於腦海，才能成大器。而泰德從小就被父親的這種精神與觀念所束縛，像一條命運的鎖鏈，將他的生活緊緊禁錮在書桌與群籍之間。

泰德的童年就像被投放進一大片無邊無際的汪洋書海之中，因此除讀書之外再無其他樂趣，缺乏一般孩子應有的歡笑、玩樂、消遣；特別是每到春節過年，他總是感受到了更深的寂寞和壓力。

逢年過節對於大部分正在放寒假的孩子來說，是一個歡樂喜慶、令人放鬆的時刻；但對泰德而言，卻是最為苦悶、寂寞的一段日子。

除夕的早晨，泰德默默看向窗外，隔壁家的孩子們成群地圍了個大圓圈，一個個歡快地展示著自己手上的鞭炮、煙火，並相約在年夜飯後一同燃放。

家家戶戶散發出濃濃的年味，歡欣鼓舞準備迎接新一年的到來；而自己的家卻是一片肅靜，只有案上的書籍和筆記本靜靜地陪伴著他。

隔壁家的孩子找到了泰德，笑容滿面地熱情邀約：「泰德，大夥兒約好了等會要去公園玩彈珠，你要不要一起過來？」

泰德苦笑著搖了搖頭，心中充滿了無奈，落寞地說：「你們去吧，我還有書要讀。」

「天啊！過年不是應該熱熱鬧鬧、開開心心地玩嗎？」鄰居孩子驚訝地瞪大了眼睛，不理解為什麼泰德就連假期也要念書，無法放鬆休息。

步步高陞
招財進寶

一時之間泰德無言以對，只能無奈地笑了笑，因為多說無益，盡顯多餘。他心裡清楚，父親對他們的學習要求異常嚴格，即使是大年三十也不能有一刻的閒暇偷懶；然而，要求活潑好動的小孩子年節假期安分地坐在書桌前，整顆心難免會飄散在響徹雲霄的鞭炮聲中，讀書效果自然事倍功半，不盡如人意。

隨著兄姊們逐漸長大，每到暑假，若有人要參加高中聯考、大學聯考，他們的表現一旦不合乎父親的理想時，泰德受到的管教又會變得更加嚴格。

在一個炎熱的暑假傍晚，泰德正在房間裡埋頭苦讀，他的哥哥推門進來，臉上滿是焦慮的神情：「泰德，大學聯考成績出來了，我雖然考上了頂尖院校，但並沒有達到爸爸的期待……」

泰德停下手中的筆，抬頭看見哥哥沮喪的表情，不由得心中一陣酸楚，便開口安慰道：「哥，別擔心，你已經很了不起了！」

哥哥苦笑著搖了搖頭，苦澀地說道：「可是爸爸又開始嘮叨了，他質問我為什麼沒有考上第一志願。」

泰德一言不發地聽著，心想「我何嘗不是也深深陷入這種苦楚中」；縱然心有不平卻無能為力。

他知道父親的標準極高，即使哥哥姊姊們的成績已名列前茅，父親還是會追問為何不能獨占鰲頭，並把他們貶得一無是處；而每一次泰德都會被牽連其中，受連坐管教。果不其然，剩餘的暑假時光，父親對於泰德的要求更加嚴酷了。

「你哥哥居然沒考上第一志願，真是枉費我的苦心栽培！」父親雙手放在背後，憤懣地對泰德說道。

「泰德，你要以此為借鏡，要再加把勁，聽到了沒？」父親語帶警告地嚴厲強調。

泰德百般無奈地點點頭，心中暗自思忖：「這也可以牽扯到我，我真是倒楣！」

他深深感到自己的求學生涯像是一場永無止境的馬拉松賽，始終在強大的壓力下被迫不停地向前方奔跑，追逐著那遙不可及的完美無瑕境界。每當他身心疲憊地想停下來喘口氣，父親那如同聖母峰的高度期望，就又重重地壓在泰德幼小的心靈上；這般屢屢折騰，讓他在學習的道路上嘗盡艱辛。

5.2 心靈救贖：童年孤寂尋求解脱

泰德的童年歲月幾乎是一片空白，他的每一天都被厚重的典籍填滿，這種生活讓他感到更加空虛和孤獨。他的童年缺乏該有的歡笑聲，生活中絲毫沒有快樂可言，總是遍尋不著自己真正喜歡、有興趣的事物。

隨著時間的推移，泰德逐漸意識到，童年的苦悶基調居然成為他靈性覺醒的催化劑。那些艱難的苦讀時光塑造了他堅定的毅力和決心，使他能夠在宗教經典中找到真正的自我。

唯有鑽進宗教國度裡，他才感到一絲的快樂和解脱。因此無論去到哪一種教派或教門當志工，他都能表現得格外優異，受到眾人的賞識與重用。

泰德認為，這一切似乎早已註記在他的生命地圖裡。因為若從小就過著舒適愉快、無憂無慮的快樂生活，應該就不會一心想著如何從宗教中尋求精神的解脫，也不會意識到自己的天賦使命，遑論後續在靈性領域裡獲致高度成就。

「天將降大任於是人也，必先苦其心志，勞其筋骨……」泰德想起《孟子》中的這段名句，他體悟到當上天要交派某些任務時，命運裡種種鋪陳安排，都有其深刻貼切的用意……

事實上，在泰德進入宗教領域後，不論是宮廟降乩下來的仙佛，或者是遇到的道長、宗師、高僧、奇人，都異口同聲地說出同樣的話語：「你有重任在身，將來必成大器。」

每一次被這樣提醒時，泰德內心深處總能感到有股力量在悄然萌發。雖然年輕的他對這些冠冕堂皇的話語覺得半信半疑，甚至帶點困惑；但每一位高人深邃的眼神都讓他感到一股真摯與篤定的力量。

然而正值青春的泰德血氣方剛，仍像一般人一樣有許多世俗目標尚待完成，希望精進學業、打拼事業、追逐夢想藍圖，也就沒有太過在意這些預言，繼續按照普世價值的生命軌跡前進著。

5.3 命中定數：海軍服役一波三折

泰德的軍旅生涯也相當不凡，過程充滿了曲折與驚險。這個時代役男抽中海軍艦艇的服役機率不到百分之一點五，相對於陸軍百分之九十一點一的中籤機率，幾乎可以說是中了「上上籤」；而泰德竟然順手一抽成為萬中選一的籤王！

受到上天「眷顧」的泰德，一開始被分配到南部新訓中心受訓，操練強健的基礎體能，隨即先後被調派到基隆、離島馬公服役，這使他有許多機會與各鄉鎮間的大小宮廟建立起深厚的緣分。

他在放假時喜歡流連造訪當地人虔誠祭祀的廟宇，經常趁機與在地的神明交流，與廟公相識結緣。神奇的是，躬逢濟公活佛降駕下凡時，總會特別給在場的泰德神語勉勵、一串如珠妙語點撥，時常令圍觀的信眾們嘖嘖稱奇，對泰德另眼相看。

由於泰德天生的體質容易暈船，加上海上的任一場暴雨、一陣狂風，都足以造成生命威脅；往往生死就在一瞬間，隨時都有可能上演一齣生死存亡的搏鬥戲碼。分秒間都充滿風險的日子，令他時時處於高度焦慮之中，因此他不斷尋找調離原單位的丁點兒機會。

某日，突然有個靈感閃現在他的腦海中：「對了！我跟廟裡神明是舊識，何不去求助於祂，也許能找到離開海軍的好辦法。」

左等右盼終於盼到一個溼悶炎熱的休假日，海軍新兵泰德一早就喜孜孜地前往廟宇參拜。他誠心誠意點上三炷香，跪拜在神像前，虔敬地向神祇稟明事由，祈求眾神儘快助自己脫離無邊苦「海」。

「濟公師父，我想離開海軍，在風險比較低的單位服役，請求幫幫我……」泰德跪在神像前，雙手合十，虔誠地擲筊請示神明的回覆。

一陣清風吹進廟宇，帶來了些許涼意，稍稍驅散了大殿中悶熱煩躁的氣息；但神像前的氛圍卻依舊顯得肅穆而安靜，似乎絲毫不受凡塵俗世動搖一二。泰德再次擲筊，但「笑筊」接連出現，濟公活佛仍然沒有表示明確的答案。

「濟公師父的意思是，要我乖乖留在船上接受磨練嗎？」泰德無奈地詢問。怎料念頭一起，竟一連出現了三次「聖筊」；這樣的結果令泰德瞬間心如死灰，感覺像是被判了死刑一般，只好苦著臉打道回「艦」。

不願就這麼死心的泰德，還想動用龐大的家族人脈進行地下關說；但無論如何攀高結貴，總是陰錯陽差，始終無法調離令他害怕的「艦關」。於是，收假後的他只能乖乖地回到軍艦，在酷熱無聊的甲板上，繼續與風浪日夜殊死搏鬥。

沒料到，泰德在一次執行海上任務行動中，竟遭遇意外受傷，不得不下船前往後勤軍醫院接受進一步的治療；更出乎意料的是，康復後居然就被調派到陸上的福利社服役。

歷經了受傷的痛苦以及花費許多時間進行治療的龐大代價，最終得償所願轉換單位，他忍不住在心中暗自慶幸：「這般千辛萬苦，也算是因禍得福吧！」

正當他自以為總算擺脫了無邊苦海的凶險時，命運的轉盤卻再次出現了一百八十度的大翻轉。

「你需要再次回到軍艦上接受訓練。」傷勢痊癒後的某天，上級長官傳來一道命令，如一道劃破天際的巨大響雷，瞬間擊碎了泰德好不容易得來的安慰獎盃。

由於「二代艦」計畫的推進，泰德原先服役的船隻面臨解編，所有船上人員須重新編制到新的艦艇上，包括他這個「借調到岸上的新兵」。這對於已經臨近退伍的泰德來說，無疑是晴天霹靂。

命運的捉弄令泰德既震驚又無奈，他從沒有想過歷經峰迴路轉，終究還是逃不過命運的安排；即使內心千百萬個不願意，還是得認命地重返讓人膽戰心驚的軍艦上，繼續過著讓他廿四小時惴惴不安的忐忑日子。

在新的艦上，無論你是哪個梯次入伍，一旦比別人更晚編制上船，就會被當作新兵對待；這對於當時只剩半年兵役，屆臨退伍的泰德來說，被當成新兵訓練的處境，讓他感到相當無助。

剎那間，曾經在陸地上享受的舒適生活，對比現在面對的艱辛，就好像要將當時所享的福利雙倍奉還。

這次突如其來的轉變讓他深刻地體會到：生命定數是不可避免的，與其想方設法鑽漏洞逃脫命運的安排，不如勇敢地直球對決每一項考驗；因為人生的蛻變成長，唯有在經歷過風雨淬鍊後才得以實現。

5.4 謙卑學習：投機取巧擦亮軍靴

在軍營裡，擦亮軍靴是每位士兵必須掌握的基本技能；當泰德剛踏入新兵訓練中心時，他對一切都感到陌生。有一天，教育班長發現新兵們閒來無事，於是決定教大家如何擦亮皮鞋。

「喂，你們這些菜鳥，難道就這麼閒著發呆？」班長大聲喝斥道。

面對班長突如其來的質問，泰德和其他同袍猛地坐直了身子，神情有些緊張。一位新兵小聲地回答道：「班長，我們……我們不知道該做什麼。」

班長皺了皺眉頭，眼睛掃過宿舍的地板，最後目光停在了一雙灰塵滿布的皮鞋上。「軍靴怎麼這麼髒？難道你們不知道要經常擦亮皮鞋嗎？這可是要評比的項目之一！」班長的聲音裡充滿了怒氣。

泰德心裡暗自嘀咕：「新兵又沒有學過怎樣擦皮鞋，何況時間排得那麼滿，能有空擦皮鞋嗎？」就在他懊惱埋怨之際，班長決定給他們一堂即興課。

「好吧，既然你們都不知道，那我就親自示範給你們看……」班長語畢，示意士兵取來棉花，分給大家。

「首先，把棉花對折再對折後沾些水，均勻地沾上鞋油，然後以單一方向，不是順時鐘就是逆時鐘方向，塗抹在鞋面上……」班長一邊示範著，一邊解說道。

沒想到擦好一雙軍靴，竟然足足折騰了將近三個小時；當時泰德還以為班長只是為了打發時間，才教大家用這麼耗時的方法擦軍靴。他覺得這個方法既麻煩又愚蠢，心中沾沾自喜地想：「真像一群傻瓜，都什麼時代了，還用這種古老落伍的方式擦亮皮鞋！」

於是，晚上泰德趁其他人不注意時打電話給親戚，請他們在懇親會客時帶「一擦即亮」的鞋油來。「明明一瓶鞋油就可以擦得亮晶晶，你們卻花了兩個星期學擦皮鞋，為什麼要浪費時間呢？」他心中萬分不屑，還自鳴得意自己沒有隨波逐流。

泰德認為，用瞬間亮鞋油擦鞋和用棉花擦鞋，在燈光下檢視，亮度並沒有什麼區別；但用棉花擦鞋所需的時間卻足足超過十倍，實在沒有必要耗費生命在這些無意義的事情上。他暗自竊喜：「瞧！我只需要幾秒就可以做完你們花上幾小時的事。」

有一天早上，班長命令全體士兵穿上擦好的皮鞋到操場列隊集合。泰德心想：「萬一我的鞋子是全班最亮的那一雙，還要出列被表揚一番，真覺得有些不好意思……」

然而出乎他意料之外的是，全體士兵在太陽底下出列一站，其他人按照班長教授的方法如實擦亮的軍靴，在陽光照射下光亮如鏡面；而泰德用「一擦即亮」鞋油擦的皮鞋，光澤卻遠遠不及其他人，瞬間黯淡遜色了許多，讓人一眼就能看出差異。

「哎喲，嘖嘖嘖！你的鞋子為什麼這麼灰沉沉？你瞧瞧旁邊的，哪一雙不是閃閃發亮，亮到可以當鏡子照，你的是怎麼回事？」班長目光掃過每一雙鞋子，都相當滿意地點頭；直到視線梭巡到泰德腳上的皮鞋時，不禁眉頭一皺，聲音裡誇張地帶著慍怒、嘲弄與指責。

泰德瞬間心裡一沉，尷尬地解釋道：「報告班長，我用了一擦就亮的鞋油……」

班長聽後臉色更難看了，當眾高聲嚴厲地斥責道：「誰讓你自作聰明？其他人都乖乖照著我教的做，就只有你鬼頭鬼腦整天想偷懶！不服軍令嗎？」

泰德羞愧地低下了頭，心知肚明自己的嚴重失誤；在眾目睽睽之中，他坦然接受了嚴厲的懲罰，以示警戒並謹記教訓。經過這次事件，泰德充分認清自己的狂妄無知，並深深反省懺悔——「從今以後絕不再自以為是、不知天高地厚；千萬別天真地以為事情真如自己看上去的那般簡單，什麼事都能輕鬆搞定。」

擦皮鞋事件後，泰德再也不敢輕易亂下結論，明白每件事情背後的發展往往蘊藏著深遠的道理。也因此深刻體會到，做人還是必須謹守謙卑、老實的本分。

多年後，泰德已成為國際間萬人景仰的身心靈導師，經常以這段「擦亮軍靴」的心路歷程為例子，告誡學員：千萬不要認為自己搞通的事理非常厲害，狂妄地嘲笑別人的腦袋不清楚，甚至自以為拿到了王牌而沾沾自喜。當最終真相攤在陽光下，再如何偷天換日的詭計，實際上秤出來有幾斤幾兩重，全都一目了然、無所遁形；所以為人處事絕不可投機取巧。

這段經歷成為泰德人生中至關重要的一課，也讓他牢記謙卑學習是生命中不可或缺的態度。

5.5 形象自救：集合遲到躲過禁閉

在波濤洶湧的海面上，軍艦如巨鯨般破浪前行，好不壯觀；然而這壯麗的景象背後，卻是士兵們艱苦的生活寫照。年輕的新兵泰德正飽受暈船之苦，頭暈目眩之外，全身冷汗直冒，眼前的景物更如同快速旋轉的萬花筒，讓他幾乎無法站立。

「如果能暈過去，倒也乾脆」，他嘴角露出一絲苦笑，心中掠過這樣的念頭。胃裡翻江倒海的噁心感不斷，每次船體劇烈搖晃，都讓他嘔吐不止。

然而，這種醫學上稱為「動暈症」所導致的不適，並不會在嘔吐過後有所緩解，反而讓人更加虛弱無力；所以泰德整日病懨懨地拖著難受的身體行動，一連持續了好幾天。

「泰德，你臉色好蒼白，要不要去醫務室？」一位同袍關切地問道。

「呃……我還好……」從小遇事就很能忍受的泰德，搖搖晃晃地試圖掙扎起身。

慘白一片的臉龐顯得格外憔悴、枯槁，嘴角還殘留著一絲剛才嘔吐後的苦澀，他不禁心想：「該不會連膽汁都吐出來了吧？」

儘管如此，卻也無法以此為由休息，只能勉強執行長官交代的所有任務。

泰德的新兵時期過得困頓異常，每當他想要應對船上的訓練，「動暈症」總是成為自身最大的敵人；而更令他備感焦慮的是，這種動不動就暈吐的情況，使得他常常無法正常進食，缺乏營養、日益虛弱的身體讓他的訓練進度大受影響。

某一天午後，軍艦廣播突然打破了海上的寧靜，洪亮而急促地響起：「全體官兵注意！全體官兵注意！一分鐘內全體官兵在甲板上集合。」

此時，久未進食的泰德正因「動暈症」而昏睡在寢室裡，對於廣播所下達的指令全然沒有聽見，直到一名巡查的長官發現了他。

「嘿，你怎麼還躺在這裡睡覺？大家都已經在甲板上集合了！」長官拍了拍泰德的肩頭，急促的語氣中透著滿滿的關心。

泰德驚慌失措地彈跳起身，火速整頓裝備、衝出寢室；但當他踏上甲板時，意識到自己已經遲到了許久，艦艇正準備靠港，其他人早已完成部署。

姍姍來遲的泰德在已立定就位的人群中，顯得格外突兀，被幾百雙眼睛盯著，他不禁感到萬分羞愧，一顆心七上八下，害怕之後將迎來長官的嚴厲責備。

「泰德，怎麼了？你為什麼遲到？」軍艦靠港後，隊上的長官把泰德叫來訓話。

「報告長官，我因為暈船腦袋昏沉，一不小心睡得太沉了，沒有聽到廣播……」泰德嘴唇顫抖地嚥下一口口水，艱難地解釋著自己不可控的狀況。

長官皺了皺眉，對泰德的理由感到些許不悅；但由於泰德平常表現優異，考慮到他是一個認真負責的好青年，也就不想太為難他。

「再有下次，絕對有你好看的！」為了樹立威信，並給其他準時就位的人一個交代，長官口氣嚴厲訓了幾句重話，告誡泰德下次務必多加注意。

雖然挨了一頓訓，但泰德心中暗自鬆了一口氣，慶幸自己逃過了關禁閉的懲罰。

他明白，這次的幸運得益於平時良好的表現和形象，如果沒有平日兢兢業業的努力，獲取長官的好感與信賴，這樣一個嚴重失職的天兵事件，恐怕難逃關入禁閉室的嚴酷處罰。

泰德深知自己必須更加上進，樹立正面的形象，贏得長官的信任；他決心用實際行動感謝長官的寬容，全力協助團隊，積極提升工作效率。

在接下來的日子裡，泰德加倍努力地想盡辦法克服萬難，持續以最優秀的甲等表現贏得長官和同袍的尊重，這段經歷不僅讓他在海軍生涯中突破自我，也成為他日後堅毅心志的重要基石。

5.6 風雨奮進：洞悉因果蛻變茁壯

泰德充滿戲劇性的軍旅生活，印證了當時濟公活佛所言，是泰德命中該有、必須面對的磨礪；既無所遁逃，也不能迴避。

這段歷程讓他學會了不再依賴外界的力量，而是依靠自己的努力和堅持，在洶湧波濤般未知的艱困處境中，用心去創造屬於自己的未來。

在摸索前行的過程中，他猛然想起了佛陀的教誨——法力不敵神通，神通不敵業力，業力不敵願力。

「對！神通並不能解決一切問題，任何事情不會無緣無故來到面前，必然存有自己今生必須了結的因果業力牽引。」剎那間泰德思緒透徹、心如明鏡，他想通了、了悟了其中的道理。

此後，海上的軍旅生活雖然充滿了諸多考驗和磨難；但泰德從未放棄堅持不懈地努力工作，因為他早已洞悉天地間的因果真理和命運的必然性，明白唯有鍥而不捨地嘗試，方能克服心魔，與動暈症和平共處，進而度過難關，逐步實現不可能的夢想。

他的身影如同堅韌的磐石，矗立在洶湧的海浪中，任憑風急雨驟，皆展現出一股不屈不撓的氣魄，最終成為了一名優秀的海軍士兵。

經歷了海軍的嚴厲訓練與大海的無情考驗，泰德不斷地突破成長、蛻變茁壯。不論是習得求生技能，或者鞏固「化不可能為可能」的信念，在在都讓他從一介儒雅書生蛻變成堅強果敢的戰士，即使面對再大的難關，他也能勇往直前，絕不退縮。

這種堅韌和毅力，泰德將其帶到了生活的每一個領域。無論是面對社會的洗禮、創業的艱辛，抑或從無到有創辦天圓文化的過程，每一步的艱難跋涉，泰德都憑著那三年海軍服役的刻苦歷練、堅定心志，一路過關斬將，關關難過關關過。

日後，當泰德遇到了恩師Friend G，並且深刻瞭解到一些天地需要透過他來示現、演繹的人生戲碼時，才領悟到當年濟公活佛所謂的「磨練論」，正是為了後來必須承擔的天賦使命作足準備。

生命旅程中所有遭遇的嚴峻磨練，不僅是在鍛鍊泰德的底氣、提升他的程度、增強他的信心，也一再擴展了他的視野，不斷豐富他的閱歷，積累將來從事天地事務的籌碼。

因此，世間事要說是由諸多機緣巧合串起，還是天地早已籌劃好劇本，實在耐人尋味。泰德將在軍旅時期面對驚濤駭浪的堅持奮進，內化為人生自帶的光芒，照亮了未來的每一步。

5.7 信仰探索：跨越宗教突破框架

泰德在退役後、赴美前的這段期間，在臺北的某間宮廟擔任核心志工。他的出色表現得到眾人的讚賞，宮廟的主事者甚至有意將他培養成宗教界的領導人物，並塑造成一名揚升大師。

然而，泰德對自己的學業成就並不滿意，他覺得如果知識沒有達到頂尖的程度，過去的種種努力都是徒勞，功虧一簣；因此他一心渴望出國深造，追求更高的學術成就。

同時，他也擔心宮廟的主事者是否會阻止他出國，這讓他感到不安。後來，好不容易通過移民手續，亦順利得到宮廟的祝福，泰德踏上了美國的土地，感受到了截然不同的文化氛圍，全新的生活呼喚著他。

「當年那麼多仙佛、高人說我責任重大，未來要做大事；如今來到人生路不熟的美國，曾經的那些預言是否將成為過眼雲煙？」泰德心中仍然惦記著這些奇異的預測是否真的會應驗。

在美國，宗教並不像臺灣那樣遍地盛行；然而加州各地仍有許多著名的寺廟道場，以及一些佛教、道教、一貫道的零星組織。「我雖然到了美國，也絕對不能忘本」，泰德如此下定決心。

於是只要有空他就會去佛堂與人結緣，也曾修習過一貫道，接引諸多眾生；加州各地的廟宇，都留下了他跟隨先輩們走訪的足跡。

但此時的泰德參與這些宗教事務，不過是為了重溫當年的熱情，並沒有更進一步投入的打算。

在洛杉磯的這些年，泰德參與過多種教派，並積極成為每個宗派中的重要核心志工；他的閱歷益發廣闊、

學習益加豐富，了悟功力益漸高深。

然而深入各大型教派後，他總是看到各種複雜的人事問題紛擾其中，讓宗教變得不再純粹，似乎總是停留在宗教儀式的層面，而無法進入真正的「法界」。

那時候，泰德認為自己已然修行得很不錯，悟通了許多真理，不必再被宗教束縛。就在這節骨眼上，因緣際會下遇到恩師Friend G；這次相遇讓他的宇宙天地觀有了實質的飛升，人生也因此展開了大幅度的轉變。

Friend G啟迪了泰德，讓他看到各個宗教派系之間的共通性和超越性的智慧；泰德突破了世俗的框架，不再拘泥於單一宗教表層的儀式和教條，而是開始以更廣闊的眼界和更深入的洞察力去探索。

當別人問起他有沒有哪個宗教信仰時，他總是淺淺微笑著回答：「所有的宗教都是來自同一個源頭，本源並沒有分別，作出分別的是人心。」

15:37:32

輯六 恩師開啟宇宙觀

6.1 初見高人：超塵拔俗震撼人心

時光徐徐進入二〇〇五年三月，冬雪初融，白白小小的雪花蓮搶先探頭迎春，大地春回，再次充滿了新一季的生命喜悅。就在這美好的時刻，一場巧妙的世間奇遇記，正在某個私人狂歡派對裡悄然展開。

回想起那段奇異恩典，泰德至今仍然心潮澎湃，內心依舊激動不已；種種巧妙因緣，彷彿源自天地特意安排，花上幾天幾夜都訴不盡、道不完。有如搭乘太空梭直上宇宙的神奇體驗，將他從原本對宗教領域的二度空間認知中，引領至四度空間的高度，如同開啟了心靈高塔最頂端的那扇窗。

「泰德，你聽我說，我最近遇到一個頭腦有問題的怪咖，他講述的論點稀奇古怪，簡直是外太空語，沒人聽得懂；吹的牛皮非常非常誇張，我敢保證你絕對沒聽過！」三月初的某天午餐聚會，泰德的好友一邊嚼著生菜沙拉，一邊激動地指手畫腳。

「聽起來挺有意思的！那他都說了些什麼呢？」自小禮節嚴謹的泰德趕緊放下濃湯湯匙，擦擦嘴角，滿心好奇地追問。

「虛空！指令！前世！」好友舉著刀叉指指天空，虛晃了兩個大圈圈後又繼續說：「唉呀，就是講一些宇宙間不可思議、難以置信的天方夜譚！似真又像假，什麼遇見上輩子的自己、預知一場夏天的災禍……有點匪夷所思；但他講得極為認真，好似真有那麼回事。」

「嗯，如果是有關宇宙天地的奧祕，那我的確有興趣前去探個究竟！」

「總之，在我們這群朋友裡，這一方面就屬你最精通，你要不要去會會那個怪咖，聽聽他所言究竟是真或假？」朋友向泰德提議道。

「我正有此意，我會準時去看看這人到底是何方神聖！」泰德內心雀躍，點頭如搗蒜。神祕的宇宙向來是他最熱衷研究的課題，既然聽說了有這樣一位神人的存在，自然亟欲前往一探究竟。

「酷！那這個週末晚上，我們在老地方有一個派對，那個怪咖也會去，你記得來！」好友話一說完，就匆忙拿起手機邊揮手邊奔向出口，突然又回頭丟下一句：「我還有個約會，先走囉！」

「上次摸門不著，這次一定要摸著啊！」泰德心裡有股興奮、激動、感恩揉雜之感。

幾年前在臺灣曾遇見高人親自指點，卻因「以狹隘的心去猜想君子光明磊落的心地」而錯失進階的機會，至今仍耿耿於懷、自責不已；如今老天總算再給他一次機會，絕不能再度錯失天賜良機！

春天的加利福尼亞州（State of California）天氣舒爽宜人。泰德特意穿上剪裁年輕時髦的西裝，又慎重打上端莊不顯老的紳士領結，並把皮鞋擦得發亮，精心策劃著以最誠懇的心盛裝出席。

自從有了上次在臺灣廟宇遇見高人，卻因自己輕蔑的心態而錯失求教良機的經驗；泰德這次不敢再有絲毫大意，抱持著上白宮謁見美國總統般的心情，戰戰兢兢步入這道拜謁高人的會場大門。

靈魂樂曲伴隨著漫天搖曳的霓虹燈光，派對現場人聲嘈雜。泰德一眼就看到屋子深處有位風采不凡的奇人，正全神貫注地與人交談；他抬起臂膀，伸長一隻手指指向窗外天空，瞬間又轉換成奇異的手勢，手指到之處好似散發著金光。

「應該就是他了，神情淡定、從容自若，這般深藏不露絕非泛泛之輩。」泰德心想。

好友瞄見泰德出現在門口，立刻一個箭步上前拍肩：「嗨！你可終於來了，太好了！大夥兒還擔心你不到，這樣就沒人幫我們鑑定怪咖的真偽……」與此同時，他用眼神暗示那個「頭腦有問題的怪咖」——Friend G的精準方位。

「Bingo（賓果）！果然跟我猜想的是同一個人，我現在就能確定他是位厲害的角色！」泰德帶著微笑篤定地回答。

「嘿，你會不會看走眼？又還沒有交手，等過招後再下定論吧！這件艱鉅的偉大任務就交給你囉！我先失陪！」好友轉身準備大秀舞技，不忘丟下一句：「泰德，結果如何要跟小咖我通報一下喔！等你的消息！」隨即一個大滑步溜進舞池人群中。

泰德深吸一口氣，調整心態，緩步走向那位傳說中的高人。就在那一刻，他感受到一股無形的力量正在召喚他，指引著他走向命運的轉折點。

6.2 靈魂共鳴：交流之間迸出火花

滿屋的喧囂聲浪以及炫目的五彩燈光，彷彿從眼前世界逐漸淡出，泰德的目光及所有注意力，已經被眼前這位如明星般長相帥氣、身材挺拔、英氣逼人的男士深深吸引住。泰德毫不遲疑地走到他的眼前數步，落落大方地向其點頭示意。

「你來了！」Friend G似乎也心有靈犀，帶著柔和的眼神熱情回應著，像是從前世就已經熟識，殷切地等待著今生再次相遇。

雙方簡要地自我介紹後，一連串不可思議的「宇宙奇談」就此揭開序幕；更準確地說，似乎是由Friend G對泰德進行著某種任務傳承的神祕灌輸。

首先是Friend G全身所散發出的獨特神祕氣質，對閱人無數的泰德來講甚是驚豔；如同鑑賞來自宇宙、在地球上未曾見過的奇珍異寶，從外型、神情到氣質、品味，在在都令泰德由衷讚歎。

泰德再次篤定眼前的這位「絕對是高人」；至於是不是「高人中的高人」則還不得而知。以當時泰德的修行火候，還只停留在「慧眼識英雄」的層級；對方的功夫到底有多深、道行究竟有多高，如同面對一口幽深的古井，尚且無從探底。

猶如武林高手對招，兩人隨即展開了一場如入無人之境的心靈對談。專注傾聽Friend G談話的同時，泰德隱隱約約中感受到一股前所未有的新鮮能量迅速流竄全身，彷彿分秒間替換了全身血液般，渾身生起一股難以形容的溫潤感。

泰德日後回想，意識到當下冥冥中有某種神祕力量在牽引著他們相遇，而兩人似乎也都是為了見到對方才前往那股力量指定的地點。或許Friend G第一眼就看出泰德這位天選之人非比尋常，因此心生歡喜，只是雙方都默契地心照不宣。

「此地非合適的談話場所。」Friend G望著泰德的眼睛說道。

於是兩人簡要而慎重地留下彼此聯絡方式，此舉亦宣告著下次見面的必然性。

Friend G才離身數步，泰德的友人就迫不及待地湊近耳邊，小聲問道：「嘿！如何？依你專業級別的判斷，究竟是高人還是怪人？」

「絕對是高人；但到底有多高，目前還不清楚。」泰德豎起大拇指，表達對Friend G的欣賞和認同，隨即表示自己還有事，便匆匆離場。

這次與Friend G相逢，猶如一場命運之神的精心鋪

排，更像天意使然，開啟泰德心中的窗，為他接通了一條全新的道路，指引他通往宇宙天地的全新探索之旅。

Friend G的每一句話都像是解鎖的鑰匙，消除了泰德內心深處一道道的疑問，重新點亮了他對宇宙奧祕的熱情和對世事真相的好奇心；他迫不及待地想要與Friend G再次相會，探索更多未知的領域。

6.3 夕朝相伴：夜探宇宙傳愛之旅

隔天夜晚，泰德與Friend G又在朋友家不期而遇，Friend G看到泰德時異常開心，直接了當地說道：「我正想打電話給你呢！」

「我的辦公室就在這附近，要不我們一起到我那裡聊聊？」泰德提出了邀請。

Friend G欣然點頭，兩人便一同前往辦公室暢談；然而這看似平凡的地點，卻成了泰德宏偉宇宙觀的重要起點，將其人生軌跡推向神聖非凡之旅。

基於對探求真理的誠心和毅力，這一次泰德已懂得小心翼翼地守住本心，絲毫不敢再大意，深怕不經意的負面念頭會被Friend G一眼洞穿。

他時時警醒著自己：「從前已經遺憾錯失了一次珍貴的機會，這次再入寶山，一定要挖到寶藏，滿載而歸，萬萬不可又空手而回！」

在一片狂熱赤誠心的驅使之下，泰德儼然成為Friend G的入門弟子，他用心爭取到更多向Friend G討教學習的機會；而Friend G則像師父般有問必答，樂意且耐心地回答泰德心中無數的疑問，無微不至地引導這位誠懇且充滿慧根的學子。

他們每次的聚會都安排在下班後，從傍晚一直聊到破曉，徹夜不眠，回家梳洗後又立即準備上班。

泰德原以為一整夜未闔眼就寢，上班時恐怕會無精打采，但事實卻神奇地正好相反，他工作時精神越發振奮，身心從未感到一絲疲憊倦怠，而且總是殷切地期待著下班後的相聚。

在一師一徒的「夕朝」相處中，令泰德印象最深刻

的，就是對話席間滿溢著一種奇妙的活力，這股力量如同耀眼的晨曦不斷在空間中流瀉，散播出真理的光輝。

Friend G口中的玄幻言論及高妙邏輯，每每讓泰德聽得瞠目結舌、震撼不已；猶如醍醐灌頂、甘露滋心，令其茅塞頓開，對人生的無解之謎豁然開朗，有了更深層的頓悟與驚喜。

6.4 獨特演繹：表象之下蘊藏真理

獲得Friend G的同意後，泰德邀請了一些志同道合的朋友，首次嘗試在辦公室舉辦了一場小型團聚，而參與者中包括一位處境艱難的博士朋友Alex。

Alex正面臨著職場失業、家庭破裂與胃癌病痛三重嚴峻的問題。此外，Alex即將失去他在美國的合法居留身分，他迫切希望Friend G能指引他找到一線生機。

Friend G給予Alex許多深刻的提示，卻始終沒有直接提出具體的解決方案；相反地，他要求Alex自我反思問題癥結所在，自主構想未來的方向。

儘管泰德對Friend G的做法感到困惑，但也意識到這可能是Friend G的特殊方法與處事原則。

泰德心裡對於Alex這三道人世間難以破解的複雜難題充滿同情，深深期待能見識到Friend G的通天本領，為其打通一條生路。

隨著這幾日的聚會進程，Friend G逐步引導Alex進行自我反思和懺悔過去的行為，並要求他作出改變未來路徑的承諾。

而這正是未來泰德作為身心靈講師——太陽盛德導師，所教導學員的「懺悔心法」；向負能量懺悔、發願，並且許諾永不再犯，如此才能與負能量達成和解，解冤釋結。

最終，Friend G建議Alex回國定居，才有機會重建家庭的美滿，解決妻離子散的問題。

儘管Alex起初有些猶豫，著實不甘心放棄打拼多年的美國夢；但工作、家庭及健康都已陷入困境，迫於無奈之下只能含淚取捨。

在Alex放聲痛哭點頭應允的那一刻，Friend G的眼神在Alex身體兩側各看了一眼，似乎是透過犀利的目光在對「誰」下達著某種指令。

說時遲，那時快，被胃痛折騰得臉色發白，身體蜷縮在椅子上的Alex，剎那間挺直了身軀，臉上痛苦的表情瞬間緩解，依稀掛著淚痕的臉龐逐漸綻放出許久不見的爽朗笑容。

他充滿感激地望向Friend G，尚未來得及開口道謝，Friend G已帶著嚴肅而平靜的表情，鄭重其事地告誡：「記住！你必須認真對待自己此刻許下的承諾，萬萬不可打馬虎眼！儘快回國吧！」

在Alex返國一個月後，突然收到大學講師職位的錄取通知，雖然應徵過程波折不斷、跌宕起伏，最終卻能戲劇性地突破重圍、峰迴路轉，搶得先機地取得了一份永久教職，全家人因此終於歡喜團聚，破鏡重圓。

寧靜的夜深時分，如獲新生的Alex經常獨自一人望著星空涕泗縱橫，隔空感激Friend G的睿智指引，神奇地賜予他重獲新生的機會，得以再次享受人生。

「多麼不可思議啊！」泰德親身見證了這一事件的整個過程，心中震撼不已。

他頓悟到世界尚有諸多無法以現今科學解釋的事，以及宇宙的玄奇奧妙，正等著他一一探索；而Friend G演示的正是一齣名為「虛心學習」的精彩戲碼——虛心接受並用心領會，是生命旅程中不可或缺的態度。

「這無疑是恩師對自視甚高的我一記當頭棒喝！」泰德深切地自我反省。

Friend G以一種獨特的方式，將Alex從狹隘的象牙塔中拉出，確實改變了他的命運。

這趟驚心動魄的神奇歷程，不只讓泰德深深敬佩恩

師的超凡能力和深奧智慧，更讓他親眼見識到「強中自有強中手，一山還有一山高」的天地戲碼。

「世事瞬息萬變，而我們所追求的真理往往藏匿在事物的表象之下。」

「改變生命的軌跡並非遙不可及，每個人都有權利為自己的生活作出最佳抉擇。」

「當我們真心付出努力時，天地一定會回應我們的誠意；或快或慢，但終有一天，事情就會被重新塑造、徹底改寫！」

與Friend G的邂逅，可說是泰德今生最奇妙、最難忘的相遇；恩師說過的每一句話言猶在耳，多年來泰德不但沒有一絲一毫的忘懷，反而隨著時日的移轉，更加兢兢業業地傳揚恩師的理念。因為恩師當年的諸多預言，在時間的驗證、洗禮下一一成真，讓泰德越發佩服得五體投地。

6.5 金光示現：真心臣服豁然開朗

每當Friend G一出現在他們的辦公室時，泰德發現室內的周圍總是隱隱閃爍著一些金色光點，雖然泰德一開始以為這現象是太陽或燈光的光影錯覺；但他還是向恩師提出了關於光點的疑問。

Friend G微笑地看著泰德，讚許地說：「你也看到啦！這些可大可小的光點是真實不虛地存在著，而且只有少數的有緣人能夠用肉眼看到；這些金光點所蘊含的智慧，遠遠超越了當前人類的科技水準。」

泰德一聽，興致勃勃地探究起空間中的金光點，深信這些奇特的光源蘊含人類未知的意義，會帶給人們突破性的進步；然而其真面目究竟是什麼呢？Friend G的解答讓泰德深受啟發：「金光點象徵能量的轉化。事實

上，世上的一切都是能量的幻化。」

泰德開始深入探索，漸漸發現這些金光點可以無限放大，也能夠極致縮小到微不可見。在科技發達的今日，人類已經能夠透過儀器準確地分析出人體周圍的光源，藉此判斷個人的運氣和身體狀況，也能偵測出這些神祕金光點的存在。

Friend G曾問泰德一個問題，讓他至今印象深刻：「地球表面離太陽的距離，是否永遠比飛機與太陽的距離要遠？」按照主觀推斷，飛機應該會感受到更多的太陽熱度。然而，事實並非如此，飛機座艙內的溫度卻比地面上低得多。

Friend G又提出了另一個問題：「太陽蘊藏著巨大的能量，但為什麼許多人經常曬著太陽，卻依然感到精力不足、能量匱乏？」

泰德驚喜發現能量之說確實是真實不虛的——太陽

能轉化成其他形式的能量並非不可能，現代人類發明的太陽能板，不正是將太陽能成功轉化為電能。然而在過去，在太陽能板問世之前，滿口能量觀點卻有可能被視為異端分子。

Friend G的「異端言語」再再開拓泰德的宇宙觀，令泰德著迷且深信在我們周圍的世界中，蘊藏著許多未知之事；而人類尚未掌握的知識絕對遠超出想像之多。他堅信目前人類科技與科學的發現仍然十分有限，而人類對宇宙的理解之微少，就如同擁有最高智商的愛因斯坦謙遜之語：「我只是一個在沙灘撿貝殼的小孩子。」

直到二〇〇五年三月之前，泰德一直認為自己在宗教領域裡的知識，無論是各類經典、學說，還是對宇宙的認知，都已具有相當的水準。然而，Friend G的出現及一連串密集的聚會後，讓他的看法完全改觀。

Friend G獨具的見解讓泰德眼界大開。他難以置信地發現，自己過去所瞭解的眾多理論，只是宇宙通理中的冰山一角、九牛一毛，浩瀚宇宙中還有許多未知的奧祕等待著人們去一探究竟。像是「預言」這件事，隨著時間的流逝，Friend G當初所做的預告已一一實現，證明了他的見解準確無誤。

例如：Friend G曾預言「印尼地區將持續發生地震和其他自然災害」，這在之後的幾年裡陸續得到了證實；泰德意識到，這些預言對人類的未來具有重要的警示意義，不容忽視。

Friend G的種種啟示使泰德更加確信：人類必須重新檢視自己的行為和價值觀，並採取積極行動來改善現狀。從Friend G的眼中看世界，人類的知識和技能只是浩瀚宇宙中微不足道的一部分；而泰德也謙稱自己只不過是一名「宇宙通習生」，正虔敬地向宇宙天地學習。

泰德深刻體認到，Friend G所提出的理論和見解，可能一時間令人難以理解，但他仍會努力學習和領會這些新的概念。

他深知在無限奧妙的宇宙中，人類腦袋瓜裡的知識只是一小塊不值一提的碎片；正如Friend G口中所描述的人類是「如同機器人般，被上天或宇宙設定了各種開關」。這種觀點違逆了抱持著「人定勝天」的人存有的刻板觀念；此番對自由意志和命運的理解，引發了人類對生命意義和目的論的重新思考。

「裝置在人類身上的各種開關，代表不同的資質和潛能；然而這些能力並非顯而易見，因為某一群人身上的開關已被打開，而在另一群人的身上則保持關閉狀態。」Friend G的這一獨特觀點鼓舞泰德衝破思想的藩籬——人類的多樣性不僅體現於外在的特徵和文化上，同時也顯現於內在的能力與潛能上。

「每個人都擁有獨特的能力，只是一般人需要通過勤奮刻苦的努力和扎實深厚的修行，才能找到身上的開關所在，進而想辦法打開開關，也就是開發這些潛能。」Friend G進一步解說道。

「擁有特殊能力，並不意味著可以隨意炫耀或濫用。」這一天聚會結束前Friend G特別強調，話中帶著些許警示的意味：「這些能力是宇宙天地的恩賜，人們應該以謙虛和感恩的心態對待。」

泰德心中明白，雖然透過與宇宙天地交流，可以幸運地獲得智慧和啟示，但謙遜地接受這些恩賜，並將其用於造福他人、謀求全人類的幸福，才是正確的態度。

「大師永遠不會自稱是『大師』！」Friend G在離開前，再度鄭重告誡著所有同修。

恩師的句句叮囑，泰德都再三反芻其無窮的道理，刻刻謹記在心不敢稍忘；更常常提醒自己處處如履薄冰、時時低調行事，這也成為了泰德立身處世的基調。

「我是你們的鄰家大男孩！」即使如今泰德已身為國際知名的身心靈導師，仍舊不忘恩師的教誨，總是謙遜地向學員們如此地介紹自己。

6.6 能量運轉：諸副產品不求自得

Friend G在天地法界的公務頗為繁忙，為了加速泰德功力的提升，他試著運用密法「將某些能量灌注在泰德身上」。他在傳授泰德宇宙運行規範的過程中，在整個信息場或氣場的自轉間，將運轉主題順勢運作導入泰德的能量場。

某次，Friend G向泰德展示了一個實驗。他拿出一個小物件，放在泰德身上，然後給了一個指令：「這東西會自轉，你能感覺到嗎？」泰德猶豫許久，臉上不禁一陣紅熱，他坦承實在感覺不到所謂的「自轉」。

然而，每次見面時，Friend G總是熱切地詢問：「有沒有感覺到它在運轉呢？」

在一次次的詢問下，泰德開始感到有些挫敗，他擔心自己是否資質駑鈍，沒能真正理解恩師的教導，枉費了他的諄諄教誨。

由於當時Friend G傳授給泰德的主題十分廣泛，若是泰德仍然處於空轉中，那麼每晚耗費諸多精神、時間所闡述的宇宙天地大道理，恐淪為不切實際的理論，不過是紙上談兵徒勞無益。

「轉了！」所幸神奇的一幕終於降臨，泰德喜形於色地向Friend G報告這天大的好消息。

Friend G微笑著點頭：「我就知道，你終究能感受到這股力量。」這標誌著泰德的進步，也讓他絕對信賴Friend G的指導。

轉眼之間，泰德和Friend G已經結識了三個月。在這段時間裡，Friend G不僅解開了他心中的種種疑問，還指點了他許多前所未聞的宇宙天地理論，大幅提升了

泰德的智慧和眼界。

在這段時間的相處中，泰德的靈命次第有了突破性的大躍升，彷彿是一個「重新誕生的人」，接受著來自浩瀚宇宙的無盡智慧；他已經可以輕易將過去的知識和經驗融會貫通，並且收獲許多關於宇宙奧祕的啟示。

泰德更驚訝地發現一個祕密——過去自己從經典中所學得的種種宗教學說，在人間可說是博大精深；但與宇宙天地間蘊藏的浩瀚真理相比，僅僅是大海裡的一朵浪花，簡直微乎其微。

在Friend G的指導下，泰德靜心潛修，逐漸建立了正確的宇宙邏輯觀，架構起與天地溝通的橋梁。

他的能量場越發平衡、穩定，敏感度也顯著提升，能隨時感應到高速運轉的能量；這些卓越的進步，正是每一位「宇宙通習生」認真實習後不求自得的副產品。

universe

6.7 臨別課題：下載超級生命密碼

與Friend G相會三個月後的某一天，Friend G鄭重地向泰德表示，由於他繁忙的「各界」工作，他們的這段緣分即將告一段落。儘管Friend G表示兩人的溝通管道已經建立，泰德仍難掩心中依依不捨之情。

在這三個月的相處中，Friend G教導了泰德許多宇宙哲理，也傳授了諸多天地大法。泰德一直渴望正式拜Friend G為師；但Friend G卻認為拜師收徒實非必要，真正重要的是Friend G已把心中滿溢的愛灌輸給了泰德。

「泰德，我們已經是朋友了，不必在意表面形式的師生關係。往後要將你的所學收穫化為綿綿不盡的愛，把它遍傳給眾多需要的人們；因為愛是無盡的，只要傳遞出去，就能讓更多人受益。」Friend G語重心長地說道，並殷殷囑咐著亦友亦徒的泰德。

此外，他向泰德提出兩個要求：拍攝一部名為《二〇一二》的電影及撰寫一本書。

對於從未涉足電影圈的泰德來說，拍攝電影的任務難度堪比登天，太多現實的顧慮捉摸不定，那一刻百般猶豫的泰德並未一口答應。

多年後的某天，泰德開車行駛在高速公路上，突然看見電影《二〇一二》的廣告看板。那一刻，他腦海中閃現出二〇〇五年那個晚上，Friend G殷殷期勉他的情景：「只要你有心，世間很多奇妙因緣就會安排到你身邊；而完成這部電影所需的工作人員、經費和各種需求，會在你願意扛起這分責任的同時一一顯現。」

「一切都是因緣生，因緣滅，如果你真的壓力很大，自認沒有完成這部電影的能力，那就不必勉強，這個得來不易的機會，必定會移轉到他人手中。」

此刻，泰德才深刻體悟到，許多事情成敗在於個人的心態和行動力；成就與否取決於個人的態度、表現和企圖心。如果有足夠的誠心和決心，並確實全力以赴，凡事就會有無限可能。回顧當時未能果斷答應Friend G拍攝電影的邀請，泰德感到些許遺憾；但他也明白，機會一旦錯過便難以挽回。

自從看到《二〇一二》的廣告後，泰德不斷地督促自己，企盼能在最短的時間內，完成Friend G期望他完成的書籍；他決定不再隱居山林，而是積極地投身於更有意義的紅塵度人志業中。

當泰德下定決心開始投身寫作時，頓時文思如泉湧，似乎冥冥中有股無形的力量在推動著他；他手中的筆幾度無法停下，最終僅僅花費十天左右，就完成了《超級生命密碼》一書的手稿。

他回憶道：「那時有如獲得來自宇宙天地的神助之力，無窮無盡的智慧精華以排山倒海之勢向我傾瀉而

2012
5GIT68

來，瞬間金光閃閃地傳遞至我的腦海，如果用現今的詞彙詮釋，便是『下載』二字最為貼切。」

十天來，他夜以繼日、精神抖擻地奮筆疾書，久久無法停筆的神奇撰寫經驗，令泰德刻骨銘心，成為他畢生難忘的奇妙回憶。

6.8 天命所歸：探索生命奇遇恩典

泰德憶及當年與恩師Friend G相遇的情景，依然歷歷在目，Friend G的教導讓他重新思索人生的意義；而他們的每一次對話彷彿步步揭開了命運的面紗，讓他深感超自然力量的存在與命運的交錯奧妙。

每一個由Friend G提出的問題，都像是燈塔指引，啟發著泰德對宇宙天地深深的思考與好奇；他們的交流宛如手持火炬，探索著一條通往神祕未知境界的隧道。

當時泰德正因為身處宗教的華麗舞臺；卻無法實際提升自身慧命、靈命的成長而感到迷惑，顯然當前的宗教之途並非自己所渴望的。

此時，Friend G的適時出現，引領泰德擺脫人世間

注重形式、流於表象的信仰，超脫世俗的眼光，大大提升其修行境界；而這一切絕非偶然。

「若不是天命所歸，又如何會與恩師Friend G相遇？我一定要福慧雙修，創造自己真正的人生價值。」泰德在閃亮的繁星下默默祈願。

Friend G不僅是泰德的恩師，更是一位啟蒙者，他以獨特的方式教導泰德，引領他穿越迷霧，探索生命的真諦……

有一次，Friend G端了一碗滷肉飯給一位參與聚會的朋友，卻遭對方一口回絕：「謝謝，我不吃葷食。」

Friend G果斷回應：「那你回去吧！不必來了！」

泰德當場被Friend G嚴厲的口吻及態度嚇出一身冷汗。後來他才明白，原來Friend G認為必須徹底打開心門，不可以有好壞、對錯、善惡、美醜的二元對立思

維；否則連最基本的門檻都談不上，又如何成道。何況茹素和成佛沒有絕對的關連性，但是能否完全破除心中的執念，卻與成佛有著絕對密不可分的關係。

泰德回想起與Friend G初遇的那一天，當時他穿戴一身名牌服飾，頭髮油亮、西裝筆挺，皮鞋也一塵不染，整個人光鮮亮麗，看上去就是一位不折不扣來自上流社會的名門雅士。

但在相聚的三個月裡，他每天的打扮各異，反差極大，有時全身上下高檔服裝亮麗登場，有時卻又完全不修邊幅，甚至可以用邋遢來形容。

Friend G所表現出來的各種境象，以泰德當時的修行功力已能了然於心，清楚明白這是對他是否「著相」的考驗；因為在臺灣曾經被智者的「打火機」考驗過一次，泰德自此知曉浩瀚宇宙天地奧祕無比，隨時都會出現考題，所以千萬不可輕忽每一個瞬間的起心動念。

有過經驗之後，再遇類似的情境時就能避免恍惚，瞬間抓住重點。每一次的交流都是一次考驗，Friend G似乎在試探泰德的理解與智慧；而泰德也從中意識到「生命中處處充滿考驗與挑戰，需要不斷超越自我，服膺天地真理，奉為圭臬」。

泰德明白，這世界充滿了無窮的未知與神祕，而他與Friend G的相遇正是命運的安排；Friend G的出現，讓泰德了悟到生命中的每一個轉折點都是奇遇與恩典，皆是引導他領悟更深層次的契機。

在Friend G的啟發下，泰德踏上了一段探索生命真諦的珍貴旅程；他深信，只要堅持不懈地探尋，就能找到心中的答案，覓得生命的真正意義。

Friend G則成為泰德生命中不可或缺的一部分，永遠激勵著他不斷向前；他不僅僅是打通泰德靈性的教師，更是他生命中的引路人，是他成長道路上的明燈。

多年來，屢屢回想起恩師的無私指導和支持，泰德心中總湧現出滿滿的感動和深深的敬意，他的心中閃現出一個決定：「我要創作一首歌，感謝恩師的教誨。」

他當下拿起紙筆，把內心的感激之情轉化成動人的歌詞與動聽的旋律，字字句句都是對恩師深情的傾訴：

「有好多話、好多話，感恩您對我的親；有好多景、好多景，讚歎成就我的今；有好多愛、好多愛，回首淚視今生情；有好多境、好多境，提攜憧憬已濕襟……」

泰德提筆的當下，師徒之情一瀉千里，意到筆隨，每一字句都像是從他的靈魂深處映現，帶著誠懇深刻的情感。他的手在紙上飛舞，一筆一畫都充滿了力量與感激，眼眶漸漸濕潤，模糊了視線；但他絲毫不停頓，因為這是他對恩師最真摯的表白。

最後，泰德將這首歌命名為〈恩師頌〉，以此紀念與感謝他生命中最重要的授業恩師，他希望這分無私的愛與感恩，能夠藉由歌曲永遠流傳。

如今，星空下的泰德已是一名擁有眾多追隨者的國際知名身心靈導師，偶爾仍與恩師Friend G凌空談心，在虛空中向恩師匯報各種心得，並時刻努力實踐恩師希望他為人世間完成的使命，堅守信念始終不渝。

輯七
天圓文化的誕生

7.1 首本著作：天地賜予接引名號

經歷Friend G三個月來不眠不休的無私教導，泰德的身、心、靈彷彿被重新組合、徹底改造一般，全然突破「二元對立」的思維框架，回歸到與「萬物合一」的最原始狀態。

登上前所未有的高度，縱覽眼下廣闊無垠的視野，泰德往昔所有的困惑全然消逝，種種解答不求自得。

在地球道場中，人們往往因為無知、無明且自視過高而飽受身心之苦；而這種紅塵人間的磨難，不僅將當事人拖往人間地獄，龐大負能量的集結更直接影響了社會風氣和地球環境。

「悟則剎那間，迷經千百劫。」若是未曾獲得恩師智慧的啟迪，泰德怎麼可能在短時間內澈悟天地真諦、接通宇宙源頭？如今奧妙的天地真理猶如身旁豐沛寶庫，靈感泉源取之不竭。

他心中開始轉動「將Friend G授權的天地真理普傳人間」的意念時，下筆竟如有神助般，萬千金光點傾瀉至腦海中，隨著他的筆觸化為文章；夜以繼日奮筆疾書，數萬字手稿僅僅十日內就大功告成。

每每與人談起撰寫《超級生命密碼》一書的神奇過程，泰德至今仍難掩興奮神采。在撰寫過程中，泰德一直在思考要使用什麼筆名發表。於是他虔敬地請示天地，聚精會神之中，看到金光點逐漸匯聚，幻化出「太陽盛德」四個字。

頓時，他恍然大悟：「原來這是宇宙天地賜予我，用於接引眾生的名號！」

然而《超級生命密碼》在問世之初，並未引起太大回響，沒有太多人輕易相信書中所言；因為對紅塵中人而言，書中的用字遣詞雖然淺顯易懂，但內容卻如同天方夜譚，無異於痴人說夢，令一般大眾難以置信。

最初，只是寥寥幾位深陷困境的華裔人士，前來找太陽盛德導師懇談，各自從導師這裡獲得一劑因人而異、對症下藥的「心靈解方」。豈知依循著導師所傳授的方式進行實驗後，那些長期困擾無解的問題，竟然像千纏萬繞的繩索剎那間被鬆開般，一下子看到了曙光。

「這太神奇了！就像是收到天地源源不絕的禮物，各方貴人前來相助，好事不斷發生！」求助者陰鬱的神情全被陽光驅散，露出開懷的笑容。

這些人難解的困境戛然而止，好事接二連三報到。神奇的轉變一傳十，十傳百，吸引愈來愈多人前往導師的所在地求教，希望能夠獲得人生的解方。在眾人口耳相傳下，《超級生命密碼》的奇蹟從此展開，太陽盛德導師的名號也愈漸響亮，成為無數人心中的指引明燈。

7.2 系統建立：擔負引領眾生重任

一個陽光明媚的早晨，導師細數著眼前排滿整個月行事曆的求教者，滿懷歉意又深感無奈地慨歎：「哎，世上竟還有這麼多人在受苦，即使我每天二十四小時持續一對一解困，能接觸到的人實在太有限，時間不夠用啊！這該如何是好呢？」

導師的心聲即刻上達天聽，宇宙天地隨即派來了一批精銳的支援部隊。原來，受惠於導師的幾位華裔人士已自發性地串聯起來，不久就在洛杉磯創建了前所未見的「超級生命密碼協會」。

他們自掏腰包，每週三定期舉辦「週三共修」，同時不定期在城市的公園、商場裡發起各式宣傳活動。希望能盡最大的努力推廣《超級生命密碼》書中的理念，幫助更多人認識《超級生命密碼》，進而投入學習、修行的行列；並運用這套神奇有效的「心靈解方」，親手為自己的生活困境創造「逆轉勝」。

草創期的「超級生命密碼協會」規模雖然不大，僅有居住美國的華裔人士參與修行；卻為導師帶來有如曠野中星星之火的靈感——該如何幫助全世界的人們都能認識宇宙的真相，領悟天地真理的奧祕，協助更多的人走出低谷，踏上他們心中想望的光明大道呢？

回想年輕時走訪宮廟，乩童曾說過自己「責任很重」，泰德總在心裡暗笑：「怎麼可能責任很重！」

直到多年後遇到Friend G，甚至寫下《超級生命密碼》一書後，獲得讀者熱烈的反響，他依然不覺得自身背負什麼重責大任，或是必須成為世人的人生導師。

即便美國志工問起：「導師，您要在大眾眼前現身演講一下吧？要不然人家會誤以為太陽盛德是捏造的虛構人物，不是真人！」那時他仍然未感覺到責任重大。

然而，隨著愈來愈多人渴求著導師的引領，他感知自己必須立刻著手籌劃，建立一個專屬於人們尋求心靈和平的避風港；一處提供身心學習、安歇的小天地，讓人們來到此地就能擺脫世俗的煩憂，得以專注於自我修煉與靈命成長。

但這項工程何其浩大啊！尤其泰德原先就有自己的事業，一般人怎麼會甘願放棄自己努力打拼有成的前途，乖乖聽從老天要求你做的事情？可是當「天」賦予你重任時，一切祂都會幫你設想安排周全。

二〇一四年農曆正月初一早晨，泰德突然感覺到一股強烈的信息：「今年要開始大力推展《超級生命密碼》。」

「HOW？」泰德問。

「往臺灣走。」祂回道。

「WHO？」泰德又問祂找誰。

「找臺灣的張明玲。」泰德在虛空中清楚看到「張明玲」三個字。

而在差不多的時間點，遠隔重洋的臺灣，明玲認識多年的一位道行深厚的修行人，突然向她介紹《超級生命密碼》一書，並一臉認真地預言：「妳將成為作者太陽盛德不可或缺的左右手，協助他傳播天地真理。」

「怎麼可能，我又不認識他。」明玲聽了直覺他信口開河、胡言亂語。

「妳先將自己準備好，時間一到，天地自有最好的安排。」他面露神祕又補上一句。

明玲全然聽不懂他在說什麼，頗不以為然地回道：「一個在美國、一個在臺灣，你想太多了啦！」

冥冥之中這一切似乎早有劇本，而且已經在上演中，就像導師常說的，一切信息都在虛空中，只是你會不會、能不能接收到而已。

明明是兩個八竿子打不著的人，竟然在天地巧妙的安排下，各自收到了信息，進而激發出「為天地收圓」的共同目標與理想；明玲在閱畢《超級生命密碼》一書後大受感動，因為有些疑問想請教作者，於是師徒的因

超級生命密碼叢書 1
超級 生命 密碼
SUPER LIFE SECRET CODES
揭開生命秘密，即得重生樂趣！
太陽盛德 著

緣便從Facebook（臉書）拉開了序幕。

「我等妳很久了！」導師劈頭的一句話，讓明玲徹底臣服於天地的安排。

由於彼此皆屬純真善良之人，並且懷抱著共同的目標與理想，兩人一拍即合，相談甚歡。

「出書我有經驗，導師有需要我可以幫忙。」明玲毛遂自薦協助導師的大業，因此成為天圓文化的總編輯。二〇一四年之後，諸多出版品陸續問世；藉由書中的微言大義，建構出超級生命密碼系統全套明確、完整的邏輯觀念，為大眾指引一條清晰可行的道路。

這一切都是天地巧安排，當老天揀選到你，賦予重責大任時，你不做也不行；反之，若天還沒有下旨意，你強出頭也行不通。

這一年，泰德的事業適逢業務擴展，積極找尋新辦公室；卻老是受阻碰壁，遲遲找不到合適的地點。他心裡開始感到有些負擔，驚覺天地是玩真的：「難道這是天地的旨意，要我儘快投入天地指派的任務？」

根據泰德多年來的神奇經驗，「順天者昌，逆天者亡」，天地的安排自有祂的道理，渺小的人類只能順應天意，無法逃避。於是他發願：「如果讓我順利找到新辦公室，我就全心投入推廣《超級生命密碼》！」

果然，一順天地的意，事業上的窘境立刻解除，一切立即搞定！泰德瞬間燃起希望，精神抖擻地決定儘快創立「超級生命密碼系統」。

泰德念頭一起，凝聚善的念力瞬間與金光點相互共振，上達天聽，秒秒間接通宇宙密碼，慈愛的天地給予全力的護持，為他完成這一神聖的使命提供助力。

風雲際會之下，天助自助者；老天爺揀選志同道合的志工，從世界各地前來參與「為天收圓」的神聖使命。各具所長的志工團隊在導師的引領下，順利創立了一套科學化的「超級生命密碼系統」。

這個史無前例的身、心、靈聖地，似乎正是一條與宇宙接通的管道；不僅是修道者依循科學步驟就可以學習和實踐的場所，更是所有人心靈安住的寶貴家園。

每一位踏入超級生命密碼系統學習的人，都能夠免於紅塵干擾，輕易找到屬於自己的方向，回歸本自的安穩自在與平靜安適，還原自心淨土。

正如《超級生命密碼》一書的面世，「超級生命密碼系統」的誕生，亦是宇宙的安排；透過太陽盛德導師在人世間執行，為普世人們帶來一套嶄新的修行思維以及對身、心、靈的感知能力。

《超級生命密碼》一書，如同為徬徨無措者提供的「生命使用說明書」，指引著正確的方向；而這套殊勝的修行系統亦引起了世界各地人們的注目，成功為心靈受困的迷失者點燃希望之光。

7.3 殊勝大法：人生解困重新啟航

這天上午，陽光如常灑滿街頭巷尾，為人間帶來光亮與溫暖。一隻黑貓冷不防躍上矮牆，瞬間攫住一隻弱小的麻雀，牆墩上幾隻麻雀驚飛而散，樹上的眾多白頭翁也像逃難似地紛紛飛向遠方……

同一時間，一位對生活充滿困惑的求教者，在朋友的介紹下，慕名前來太陽盛德導師辦公室。

「導師，請救救我……」這位女士一見到導師，猶如沉浮已久的迷航者，在風雨飄搖的大海中攀上了浮木；一邊急切地呼救，一邊踉蹌地跌坐在椅子上。她悲從中來，話語哽咽，忍不住掩面放聲哭泣。

「看來妳已經迷失自己的方向。」導師注視著她輕輕點頭，語調平緩而篤定，試圖讓這位女士的情緒慢慢平靜下來。

眼見這位眼睛滿布紅絲、頭髮灰白凌亂的女士，雙肩抽搐得泣不成聲。導師輕聲說道：「女士，在天地間妳只是個不小心迷路的孩子，回來就好；如果過度擔心，反而會給自己帶來負面能量。」

導師專注深沉地凝視對方的眼睛，似乎正解讀著她的前世與今生；而烙印在她資料庫中的生命地圖，也已經清楚明白地展露了一切。

接著，導師堅定地朝著女士點了點頭，繼續說道：「人世間的萬事都有解，妳只需按照我所教導的方法如法實修，天地自然會引領妳走向光明的道路。」

「我相信！」女士冷不防脫口而出，語調既誠懇又堅定，就連她自己也嚇了一跳；不知哪來的力量，讓自己篤定地相信眼前這位如鄰家大男孩的年輕人。

她為自己的失態致歉後，接著向導師解釋：「導師的話語有一股神奇的力量，似乎鎮住了我不安的靈魂，在我長期黑暗的心靈中，打開了一扇向陽明亮的窗。」

她毫不猶豫地宣示將跟隨導師，從此踏上探索生命奧祕的旅程。接下來的日子裡，女士一次次隨同導師學習，逐漸明白了超級生命密碼系統為何提倡「愛與感恩」；用心學習如何「修身立德」，怎樣達到身、心、靈三者的平衡合一。

透過導師的教導，她學會了如何在紛擾的現實中找回內心的寧靜。

「呼吸法」讓她掌握了控制情緒的鑰匙；「基本潛修步驟一二三」教會她如何與自身深層對話；「太陽靈驗轉運法」更是打開了她通往新生活的門扉；「懺悔心法」和「感恩心法」，則是讓她的靈魂得到了淨化，心靈變得越發豐盈和堅韌。

這些和宇宙天地溝通的殊勝大法，已然成為她的隨身良伴。她經常在網站上分享親身經歷和寶貴心得，鼓勵和她一樣深陷迷霧的眾多網友：

「透過這些玄妙無比的心法能召喚出自身本具的神奇力量，不僅讓我真正瞭解自己，還能隨時與天地的本源接通，與宇宙溝通信息，獲得解決紅塵生活困境的方法。這些過往未曾達到的人生境界，讓我重拾起對人間的關懷和熱情。」

「導師說過，人的一生就像一部電影，會在許多時間點遇到各式各樣的機緣，讓我們的生命隨著光陰流轉，增添諸多豐富色彩；而超級生命密碼系統所奉行的天地真理，正是帶領人們開展輝煌人生的領航員。」

這位女士的真實經歷啟發了無數身處困境中的人們，如同黑暗大海中的一盞引航明燈，指引世界各地更多人走出重重迷霧，找到生活的希望與方向。她的故事印證了通過超級生命密碼系統，每個人都可以接通天地之道，進而重啟人生航程，迎向光明未來。

7.4 正聲雅音：音樂卡內基美名揚

少年時期的泰德對表演充滿濃厚興趣，也頗具藝術天賦，更曾經夢想成為一名影視歌三棲的全能藝人。

在當兵之前他曾經背著家人參加影視公司舉辦的試鏡，而且三次皆順利通過甄試。眼看踏入演藝界的機會近在咫尺，最終卻仍拗不過家人的強烈反對，這分年少時期苦苦追尋的夢想，迫於無奈只好作罷。

「有得必有失，有捨才有得」，所幸泰德深具轉念翻篇的能力，一個晚上就越過了人生低谷；他並沒有因為破碎的明星夢而垂頭喪氣、灰心失志，反而體驗到更深一層的人生境界。

「雖然現在覺得遺憾，也許轉個彎，未來還會遇上更好的機緣，相信老天自有巧妙安排。」他轉個念頭正向地激勵自己。怎知當年的自我慰藉之詞，在多年後，果真得到了美好的應驗。

回想當年就讀電機系時，泰德有感於時下流行歌曲充斥著靡靡之音，決定自己創作。他以科學方法在音樂中加入各種元素，靈感一來，首首優質樂曲隨即誕生；展現出音樂方面的興趣與才華，只可惜沒有機會發表。

之後，泰德曾受邀參與出版一張心靈音樂合輯，但由於唱片市場逐漸式微，最終未能如願實現。直到撰寫《超級生命密碼》一書時，〈我們的路〉這首歌曲的靈感隨之閃現，之後書籍和歌曲也就同步發表。

自此，泰德開始埋首創作適合於每個人的正能量歌曲，每首歌都細細鋪陳人生的正向光明面，蘊含「愛與感恩」的密碼，成為解開心靈枷鎖的鑰匙。他盼望能透過音樂引領世人，讓人人都能通過歌曲隨時隨地回歸身、心、靈的安逸之鄉。

不少人疑惑，導師創作的音樂該歸類為哪種類型？心靈音樂嗎？導師解釋道：「不！這並不能只界定為心靈音樂，反而是以最簡單的流行樂風為骨架，讓人人都能朗朗上口。」

他認為真正感動人心的音樂無須特別去界定類型，只要在音樂創作裡灌注充滿愛的正向能量，絕對能撫慰受傷的心靈。

「我的創作都是捕捉自當下的靈感，腦海主動響起旋律，音符隨之跳動，一切都是那麼自然而然。我相信純粹的靈感，透過簡單的曲調，即能傳遞最純粹的感動。」

導師總是一再叮囑學員：「凡事不必看得太複雜，遇到壓力時，先放下手邊工作，靜心聆聽一段我的創作音樂，讓身心舒緩後再恢復思緒；此時重新看待事物，必能釐清問題癥結點。」

十多年來，導師已經創作了百餘首正能量歌曲，只要一有靈感，短短數分鐘內就能做出初稿；一首首動人樂曲隨時隨地誕生，將「愛與感恩」的理解，通過旋律和歌詞傳達給世人。

每首歌曲在發行前都經過嚴格的優化調整，精準計算能量，埋入隱形密碼；因此聆聽、吟唱後往往有感應、收穫及洗滌的作用，不僅能平衡自身的能量場，更是受傷心靈的一帖良藥。

導師的首首嘔心瀝血之作，皆能在網路上免費下載聆聽、傳唱，期盼能藉此幫助芸芸眾生透過音樂走出情緒的低谷，回歸內心的安樂。

一直以來，導師創作的正能量歌曲受到廣泛歡迎與傳唱，並登上電視劇的主題曲、插曲及片尾曲。這些正向歌曲不僅可以安撫人心，還能轉化社會暴戾之氣，實現導師的期許與天地的安排，也因此讓導師獲得「音樂卡內基」的美譽。

這些年來，導師陸續開設演員和歌唱訓練班。基於對藝術的喜好和經驗，以及對追求藝術更高峰的策略，指導歌唱班的學生從五音不全，到能夠唱出相當水準的歌曲，實現過去不敢想像的目標。

演戲方面，則通過網路教學，幫助學員克服生疏和僵硬的問題，讓他們掌握表演的竅門，表現得生動自然、栩栩如生。

此外，導師舉辦的各項大型盛會表演，無論是舞臺聲光設計、演出者的橋段安排，或是整體流程的重要規劃，在在展示出導師深厚的藝術造詣。顯見導師對藝術的熱愛並非僅止於年輕時期的情懷，而是一種持續的憧憬和投入。

當年懷抱明星夢的熱血青年，雖然未能如願成為演員，但在藝術領域盡情展現才華，終究還是實現了「唱作俱佳」的明星夢。

7.5 天圓小舖：打造健康幸福根基

俗話說「舉頭三尺有神明」，天地法眼無時無刻不在視察著人間，通過各種方式賜予必要的生存法則。近年來全球食安事件頻發，揭露出貪婪商人使用不當的材料、馬虎的製程，以求大幅降低成本、中飽私囊，產出的食品釀致諸多人間悲劇，因果報應昭然若揭。

導師為此憂心，決心立即採取行動，保護善良的有緣人。諸多的助緣從四面八方應聲而至，在極短的時間內，天圓小舖「佳餚蜜品」應運而生，一切如有天助。

「佳餚蜜品」究竟是什麼？「提供健康、營養、無添加的食品，讓人們能夠享受純淨的美味，同時照顧好自己的身體。」導師用最簡單、誠懇的說明，道出他對人世間的種種擔憂與深深關懷——這不僅僅是一家CP值

（性價比）極高的餐館，更是向社會宣示「健康生活態度」的真理堡壘！

二〇二一年一月的一天上午，臺北市忠孝區的街頭熱鬧非凡，由天圓藝術生活成立的「佳餚蜜品」首家門市隆重開幕。數千名超級生命密碼系統學員不遠千里前來捧場，熱情參與支持。「德不孤，必有鄰」，導師的初衷合於天心，天地安排亦如順水推舟，各項難題迎刃而解；天圓小舖為滿足眾人的健康與味蕾，推出各式嚴選的健康佳餚。

「這個『天機養生素粽』真好吃！不只餡料滿滿，鮮香味美，而且一點也不油膩，我一口氣吃下三顆也不會脹氣！」

「哇，好讚的玫瑰甘露，味道清香又滋養，搭配精緻的玫瑰蛋糕，簡直是貴婦級的午茶享受！」幾位媽媽們興奮地品嚐著「佳餚蜜品」精心製作的各式餐飲，驚喜連連、讚歎不斷。

「佳餚蜜品色香味俱全，拍起照來特別賞心悅目，我要趕緊分享給朋友這個新發現！」幾位年輕女士專注地拍照，立刻在社交媒體上分享這分美好。

舖子裡的人們神采奕奕，交換著美食、飲品的食用心得，一旁的樂團正演奏著令人陶醉的天圓樂曲，美食的香氣和音樂的旋律相互交融，空間充滿了歡樂和溫馨。眾人身心舒暢、眉頭舒展，忘卻紅塵一切煩憂，只專注於享受當下的美好時光。滿屋彷彿流露出閃亮金光點，人人都感受到正能量滿溢，喜樂愉悅。

這場別出心裁的身、心、靈盛宴，不僅讓人們品嚐到單純的美味，更讓當天與會者感受到太陽盛德導師對生活品質的高度重視，以及對眾生熱切的照料與關愛。

「我期望將大自然中最旺盛的食材生命力，經由悉心研發、醞釀，佐以『愛與感恩』的正能量，打造出天地應允的甜蜜幸福滋味。」導師如此介紹，又不忘幽默詢問參與者：「有沒有吃下幸福甜蜜的味道啊？」

「佳餚蜜品」，是一間融合了太陽盛德導師靈性教導和健康理念的美食小舖，不惜製作成本，堅持使用謹遵古法釀造的百年老牌醬油。在這裡，能輕易購得優質有機食品，讓人們吃得健康又安心。

導師看到氾濫成災的食安事件，不解成本差距何以讓黑心商人如此冒險違法行事，於是他基於「你吃、我吃、大家都放心吃」的理念，親身投入實驗，堅持使用上等食材及調味品，也能顧及良心廠家的生存之道。

「你好、我好、大家都好」的目標，向來是導師一貫的行事作風，因此只要靜下心來細細品味每一道珍饈美饌，便能夠感受到身、心、靈洋溢著幸福的滿足感，徜徉在導師滿滿的心意與美食的祝福之中。

在充滿挑戰和利誘的迷亂時代裡，人們往往無所適從而迷失方向；幸而天地法眼指引著導師成立多元化的「天圓藝術生活」，透過「天圓音樂」的正能量樂曲與「佳餚蜜品」的親民價格健康美食，更加貼近生活地守護善良可愛的人兒。

導師期望藉此洗滌人們的身、心、靈，感受浩瀚宇宙對人類的愛與期盼，希望能引領更多的善良有緣人，走上正確的修行之途。

7.6 全球連結：慈悲奉獻天賦使命

二〇一一年，一群居住在美國的《超級生命密碼》讀者，主動邀請太陽盛德導師撥冗為他們講解書中的微言大義，傳授浩瀚宇宙的真理。在天地的助緣下，天時地利人和，每週一次的共修課程順利進行，這群忠實讀者如願找到了一道光明之途。

「我們相信透過導師的引領，探索宇宙密碼與天地真理，就能擺脫生活的困境，找到生命的方向和意義。」隨著眾多受益學員無私分享、口耳相傳，共修課程的名聲日漸享譽國際。

愈來愈多的人被導師的教誨所吸引，甚至有一些學員每週不遠千里花上數十小時的車程，從美國各處特地前來參加共修課程。太陽盛德導師深知學員們的辛勞奔赴皆源於求知若渴的心，慈悲的他實在不忍見到學員們舟車勞頓；再加上已向天地發願全力推廣《超級生命密碼》理念，於是開始思索如何跨越空間和時間的障礙，降低參與門檻，提高講演的觸及率。

這時宇宙天地再次出手相助，讓導師成功克服設備、平臺等等技術問題，在二〇一四年順利開辦「網路共修課程」。自此，學員們無需遠離家門，在網路世界中就能夠線上跟隨導師學習、精進。

在共修課程的首次網路直播中，太陽盛德導師面對著鏡頭，與全球的學員們連線。他微笑著，深情、專注地凝視螢幕另一端的每一位學員，彷彿在秒秒間所有學員的疑惑都傳輸到導師的資料庫，同步上達天聽。

「親愛的超碼家人，歡迎來到『網路共修課程』。今天我們將一同探索宇宙天地的奧祕，分享生命的智慧，大夥兒一起成長。」導師富有磁性的嗓音充滿著溫柔與堅定，深深打動與會人士的心。

隨著導師的引領，各地學員們同時上線展開了一趟別開生面的共修之旅；他們在虛擬的網路空間中，彼此交流分享，探索天地真理、生命奧義。

在過程中，他們不僅提升了智慧，更收獲了心靈的平靜和力量。之後每一次的網路直播，都是一場與天地交流的心靈盛宴；遍布世界各地的人們，都能從網路真實感受到天地「愛與感恩」的融融暖意。

在天地的護持中、導師的引領下，與宇宙天地共振的網路共修，從未因導師赴全球講演而取消或暫停，即使在百忙之中，導師也會犧牲自己的睡眠如期舉行。

除此之外，導師也針對時事變化趨勢以及廣大學員們的日常生活疑難雜症，開辦各式主題課程；並且每年舉辦兩次全球巡迴音樂饗宴及實修實作課程，親自與各地學員面對面交流。

受天地之命，一心救民心靈免於困頓的導師，珍惜每一分每一秒。即使在過年期間，他也經常未能與家

人團聚，因為他心中只有一個信念——儘快度化身處水深火熱的眾生；為了眾人的福祉，他甘願奉獻自己的一切。初次前往亞洲巡迴演講，志工們特意為導師安排了一整天的休息時間；卻讓他深感惋惜，認為白白浪費了可以用來助人的時間。

「師父，您舟車勞頓四處奔波，已經連續工作好幾天了，身體也需要休息才能保持活力啊！」明玲滿懷擔憂地勸道。

導師的語氣堅定：「我知道你們的好意，但想到那些渴望學習的人們，看到那些正在受苦的眾生，我實在沒有辦法安心休息。我願意盡我的一切去幫助他們，哪怕只是稍微減輕他們的負擔。」

「對於我個人的人生意義而言，能夠多幫到一個人，比起我去遊玩、休息、放鬆都要來得重要。」導師接著說。此話一出，眾人大受震撼，皆因導師的強烈使命感與奉獻精神而動容。

7.7 疫情挑戰：雲端傳遞愛的能量

當二〇二〇年新冠肺炎疫情籠罩全世界時，人們的日常生活受到了空前未有的劇烈衝擊，社交活動受到限制、情感交流遭到阻礙，原先每年舉辦的全球巡迴演講被迫取消，許多人紛紛發出遺憾與失望的感慨。

在這片滿布陰霾的天空下、沮喪頹唐的氛圍中，太陽盛德導師承運天地的啟示，試圖轉個彎，持續為人們帶來困境中的希望和溫暖。

「窮則變，變則通；我們絕不能因為疫情而停止修行的腳步！」他決定採取創新的行動，舉辦一場盛大的線上雲端大型演唱會，意在突破地域與時間的限制，打破疫情對人們交流的重重束縛。

天地接收到導師的心聲，即刻派遣無數的助緣，前往支援這場史無前例的線上大型活動。無論是規劃演藝歌星、短劇表演，還是優美舞蹈的呈現，期望能帶領更多善良的有緣人進入愛的殿堂，讓更多人在網路世界中感受到「愛與感恩」的感動與能量。

經過多方齊心努力，演唱會順利舉行，來自世界各地的觀眾們紛紛準時上線參與。頓時舞臺上燈光璀璨，悠揚的旋律飄蕩會場中；螢幕另一端的人們彷彿身歷其境，個個能量滿溢、法喜充滿。

「請各位有緣朋友們把心門打開，用心聆聽這場音樂饗宴，在正能量運轉之下，讓身、心、靈得到徹底的洗滌。」太陽盛德導師站在舞臺中央，他巨大的能量場穿透螢幕直達每位觀眾的心靈。

在演唱會的高潮時刻，導師的虛擬影像登臺演唱了他創作的樂曲，同時分享了他對生命的感悟；每一個音符都是導師對世界的一分深情回應，並致力灌注正能量

予每一位觀眾，全場共同體驗了一場真正的心靈洗禮。

這場殊勝的演唱會可謂凡人世界與天地法界的齊心之作，雖然源於人世間疫情的橫阻；卻逆轉勝取得了集結各界之力的極大成功。這不僅僅是一場空中音樂盛宴，更是疫情中的心靈洗禮，注滿了天地賜予的正能量，讓瀕臨絕望的人們在音樂中找到了安慰和力量，在通往幸福的道路上，與千千萬萬人一同攜手前行。

7.8 道德重整：深獲國際大獎肯定

自二〇一〇年出版《超級生命密碼》一書以來，太陽盛德導師以其深邃的智慧和豐富的創作靈感，詮釋得自恩師Friend G的天地真理，十多年來已有六十餘冊系列叢書上市。

書籍涵蓋了各種主題，從生活哲學到人生指南、從心靈修養到正向思考、從優質總裁到怡然富足……每一本都充滿了導師對宇宙天地真理的實驗、體悟與貫通，更凝聚了他對人類生命意義的獨到見解。

「全球的超碼家人，大家好！」太陽盛德導師在一次的巡迴演講中，以充滿活力的聲音和自信的姿態，面對數萬聚集在會場的觀眾，親切問候著。

導師宏亮的聲音在會場裡回響數秒，隨即精神抖擻地繼續講述：「我們今天齊聚在這裡，是為了探討如何擁有一個充滿正能量的人生！」

臺下的觀眾們靜靜聆聽著，眼神專注懇切，莫不期待著導師的啟發以及智慧指引。

「在我們的人生中，每一個挑戰都是成長的機會，順逆都是戲，一切都是天地最好的安排；我們應該以『愛與感恩』的心態去迎接它們，並從中學習成長。」導師持續侃侃而談。

當演講進入問答環節時，一位帶著煩惱與憂慮神情的觀眾發問道：「導師，我最近日夜陷入憂鬱情緒，萬分苦惱，不知道該如何走出來？」

「我理解你的感受，這段時間的挑戰確實不太容易，請相信這段困難的時光終將過去。你可以聆聽我創作的正能量音樂，或是外出曬曬太陽、做做深呼吸，運用轉念的功夫來撫慰你的心靈，或許就能帶給你一絲溫暖和希望。」

導師語氣柔和回應著，彷彿是站在時間之河另一端的灘師，心裡焦急卻又神情淡然，沉著鎮定地指導不知該怎麼渡河的人們順利越過急流險灘。

這些年來，每一場演講中，導師總是全神貫注用他柔軟的言語與睿智的哲理，鼓舞著每一個人的心靈，為他們帶來無窮的希望和力量。

「愛與感恩」一直是導師的信念和行動指南。這是他承自恩師Friend G的授權，實驗後認為人們可以藉此達到身、心、靈三者平衡的最重要密碼。

「當人們心中有愛，秒秒感恩，便能以智慧轉念，透過正向思考運轉正能量，提升自我的能量場，將塵俗間所有的逆境轉化為進步的養分。」導師經常提醒學員轉念的重要，不斷叮囑眾人秉持「愛與感恩」，以達到身、心、靈三者的平衡。

誠如Friend G所言「愛出愛返」，太陽盛德導師以正能量協助憂鬱症患者獲得改善的觀點，得到了廣泛的讚譽和肯定，為眾多患者重拾生活的喜悅，開啟人生的全新篇章。

他在幫助世人身、心、靈同步發展，以及提升生活品質方面取得的成就，備受全球各界推崇，因而自二〇二一年至二〇二三年間，連續三年獲得諾貝爾和平獎提名；這項殊榮不僅是對他個人的褒揚，更是對他為人類生活作出重大貢獻的極高肯定。

當今世界動盪不安的時刻，太陽盛德導師呼籲地球上的每一個人都不能置身事外，切勿袖手旁觀，而是要積極投入參與「道德重整」的行列。

「大家若是再對社會亂象繼續作壁上觀，將來所有人都在劫難逃；應即刻抱持捨我其誰的精神，人人找回自性本心，合力改變地球磁場！」太陽盛德導師語重心長地告誡眾人，端正基本的道德與倫理，重新建立良善社會風氣的重要性。

「但是我們又能做些什麼呢？社會問題如此龐大，個人的力量似乎無關痛癢。」一位年輕的學員舉手發言，語氣中滿是無奈。

「正是因為社會問題持續惡化，我們更需要每個人同心齊力來參與。改變世界絕非一個人的事情，必須結合眾人之力而為；只要我們每個人都能心手相連，傳遞『愛與感恩』的理念，就能一起改變世界。」

導師一席鼓勵的話語，有如來自天地的能量灌注，讓在場的每個人都感到振奮和鼓舞。大家意識到自己微小的存在與行動就如同「蝴蝶效應」一般，只要一起奮力展翅，就可以在全世界每個角落激起巨大的正面能量旋風，扭轉眼前頹敗的局面。

而導師就如同那隻永不止息地拍動翅膀的蝴蝶，輕柔而深遠地影響著全世界，他就像是地球的守護者，竭盡心力地護衛著全人類的地球道場。

太陽盛德導師承運自天地的智慧、言行、風範，已經成為世界一股堅定強壯的正向力量，激勵著世人朝向更美好的未來前進。今後這股力量也將繼續發展並延續不斷，持續引領你我前行，共創益加輝煌的明天。

後記 ——

你的成就 豐富了我的人生

人生在世，時光猶如從指縫間悄然流逝的沙，數十年轉瞬即逝，一去不復返；生命苦短，我們又能擁有幾個十年呢？時鐘的滴答聲伴隨著每一秒光陰的流逝，無不提醒我們每一個瞬間皆彌足珍貴，每一小步都該造就人生的精彩篇章。

胡適之先生曾說：「要怎麼收穫，先怎麼栽。」今生一路前行至此，藉由此書回首過往，益發深刻感受到這輩子的諸般不凡經歷，不僅是自身努力的結果，更是天地的巧妙安排。

隨著個人因果與生活方程式的演繹推進，在在驗證了人生的現在、過去與未來果然緊密相連、息息相關。令人不禁嘖嘖感嘆「萬般皆是命」的「命」，竟是由今生、前世與未來的心念所交織而成的複雜化學反應，最終如實反映在當下的生活境況。

若未能提早透澈理清人間錯綜複雜的運作原理，以及前世今生的天地因果真理，便容易在關鍵時刻抱持自以為是的思維模式還沾沾自喜；糊塗地以為得出了階段性的結論與完美答案，往錯誤方向行進。

從小，我就不喜歡照相，卻總是笑口常開、熱情洋溢、樂觀進取。這分天生的開朗、積極與達觀，加上本身的理科素養，讓我擁有了豐富多彩的人生體驗，不禁感嘆人的一生需要各種主觀與客觀因素的滋養；正如園丁照顧花園需要全方位持續不斷地耕耘灌溉、精心呵護，才能將今生的每一齣戲碼演繹得淋漓盡致。

所謂「盛年不重來」，若想從當下片刻回溯過去、再現榮景幾乎是難如登天；然而若能將每個瞬間都化為盛景，再疊加自身的努力創造未來，讓這個空前盛況延續不斷，那今生該有多麼豐盛美好！從小我便建構出這樣的邏輯觀念，因此無論順境或逆境，我始終勉勵自己為了美好的未來，在當下的時間點努力奮進，訓練培養過人的意志力，以作為自我成長的堅實根基與依據。

回顧過去幾十年的人生旅途，我心懷感恩，慶幸自己在各個關鍵時刻，永遠堅守著一顆善良的心，並樂於在每個瞬間撒下助人的種子。也許是天公疼憨人，天地與我的距離在我的真誠和努力中愈拉愈近，彼此共振的頻率益發契合，最終讓我成為天地的寵兒，時時刻刻接收著祂的祝福與滋養。這分恩典讓我收獲了無數的意外驚喜，也賦予我人生非凡的意義與價值；昔日播撒的種子終破土而出，綻放出美麗的花朵，點綴生命的繽紛。

這不禁讓我回憶起從小到大種種的成功經驗，令我領悟到，若非百折不撓的自我要求以及嚴格的自我期許，諸多美好的事或許難以實現。更慶幸自己始終保有一顆赤子之心，能以簡單直捷、化繁為簡的方式剖析事理，從而在天地的祝福下，不斷成長茁壯、好事連連，深刻感受宇宙天地與我之間的緊密聯繫。

二〇〇五年，我遇見了恩師Friend G，此次邂逅為我打開了通往宇宙智慧的大門。這二十年間，我逐漸領悟到宇宙智慧的深邃奧祕，過往在靈命認知上不曾遇過、想通的多項重要課題，也逐一得到了解答。

我經常在夜深人靜時對著滿天星辰苦苦思索：究竟我何德何能，能夠深獲宇宙天地如此的垂青重用，被各項主題嚴峻地考驗與培訓？答案或許是因為「善良」這一特質，加諸前世今生許多殊勝的歷練，以及生生世世各個角色的累進，成為了開啟這段奇妙經歷的鑰匙。

二〇二四年三月，明玲提議想為我撰寫一本人生傳記。起初我認為無此必要而一口回絕；然而當明玲認真、熱情地描述她的構想——以小故事帶出大道理的方式，貫穿主角的一生，讓讀者從鄰居般的生活故事中獲得觸動與啟發，必然可以正面影響更多的人。

我發現她的心思極其細膩、設想規劃周全，原來她把這十年來我們彼此間交流的點點滴滴都看在眼裡、記在心裡。各種關於我生活上的微細節、小事件，以及背後蘊含的哲理，透過她純善的人格特質、長期的觀察分析、流暢的細膩筆觸，以及專業的編輯技巧，使得本書成為我詳實的人生寫照；書中每一個大小環節全都描繪得活靈活現、生動傳神，讓我深受感動。

我與明玲是通過Facebook（臉書）平臺而相識，因彼此的善良率真而相遇相知，更因有著共同的目標理想而合作共事，進而成為一生的摯友。這一路走來就像是一場鼓舞人心的人生勵志電影，從第一次飛往臺灣見到明玲，毅然決然地跳上她的座車，開啟了我與她共同為天地收圓的天賦使命；時光飛逝，不知不覺中我們已經是十年的老友。

生命很奇妙，當大家在「善」字上有著相同的頁面，彼此的交流就會如同親手足般合拍自在。我的工作繁忙，若非公務必要，我們並不常相互連絡；但是每當彼此通話交流時，都能感受到那分自然流露的親切感與十足的默契。所以我的傳記由明玲執筆編撰，絕對是再合適不過了！

常言道，每個成功的男人背後，都有一個默默付出的女人；明玲就是我在人生成功路上不可或缺的偉大女性之一，是襄助我傳揚超級生命密碼系統的重要角色。感恩她毅然決然從其他系統的編輯要職轉投天圓文化，十多年來一肩扛起編輯部門的重責大任，始終如一地帶領團隊創造了無數撫慰、滋養心靈的精神食糧——超級生命密碼系列叢書。

在《鄰家大男孩：太陽盛德傳奇錄》裡所記載的許多小故事、小細節，連我自己都遺忘了；明玲卻能如數家珍，使我真切感受到那分發自肺腑的真心實意，著實難能可貴。每當更深夜靜，想起遠在臺灣的她十年來的日夜無私奉獻，心中總是充滿了無限澎湃的感激之情。

為了這本書的完美呈現，明玲向我索取一些年輕時的照片，包括小時候的珍貴畫面，這對於不喜歡照相且經歷多次搬遷的我來說並不容易。最終，在動員全家人東翻西找下，才如獲至寶地找出幾張泛黃的照片。看著兒時的自己，回憶如潮水般湧來；但那一切早已隨著時間煙消雲散，使我更加感受到緊抓當下的重要性，並激勵自己不斷前行，為今生創造無限精彩的可能。

因為這本書的因緣，讓我再次體會到自身承襲著父母言傳身教的寶貴人生態度——幫助他人不求收穫與回報。也許正因為此一傳承，我總是將他人的困難視為己任，並用心協助其扭轉頹勢。天地或許在明察秋毫中察覺我的真心，鼓勵性地賜予我數不盡的禮物，讓我屢屢接收到不求自得、戲劇一般的驚喜與美好；深刻了悟「命中有時終須有，命中無時莫強求」的真理。

春蠶到死絲方盡；每個人終究會老去，因此我們務必把握住有限的歲月和精力，為全人類和地球道場作出最極致的貢獻，如春蠶奮盡全力吐完最終一口金絲般，竭盡所能完成宇宙天地賦予的各項使命。這絕不是為了沽名釣譽，也非為了世俗眼光中的各種因由，只因人身難得；既然有緣來到這一世的人間旅程，我們就應該傾盡全力完成生命中的天職，給自己和宇宙天地一個完整的交代。

茫茫人海中、浩瀚書海裡，從你翻開《鄰家大男孩：太陽盛德傳奇錄》這一刻起，就代表著你我之間的緣分深厚。希望你在閱讀我的人生小故事後，順著這分因緣，能更趨近一步接觸我多年來持續進行的著作、演講、歌曲和各種藝術展現，藉此為你今生的卓越成功添柴加薪，積攢生生世世厚實的德資糧寶庫。如果真能因此豐盈了你的生命與靈命，我將感到無比榮幸與感謝；因為你的成就同樣豐富了我的人生。

鄰家大男孩遙寄上深深祝福，給我最親愛的朋友！

太陽盛德　筆於美國內華達州
二〇二四年九月吉時

關於 天圓文化

天圓文化機構座落於美國拉斯維加斯，是一所無任何宗教背景的身心靈整合與成長推廣機構。服務範圍包括人生探詢、情緒控管、關係疏導、心靈輔導、靈性探索、藝術推廣、興趣培養、團體培訓及社交訓練等等，以期塑造身、心、靈三者合一的健康生活，致力宣揚樂觀積極、正向思維的正能量人生。

創始人 太陽盛德

天圓文化機構創辦人、全球超級生命密碼系統精神導師，主修電機工程，現旅居美國。自幼喜學宗教真理，十四歲由耶教入門，開始數十年的心靈追尋之旅，涉獵深及佛、道、儒、耶、密。二〇〇五年奇遇恩師Friend G，開啟了靈性管道，超越身心靈疆界藩籬，靈性次第從此突破性地躍升。歷年來在世界各地舉辦無數次巡迴演講、音樂饗宴，及各類主題培訓課程，諸如：幸福圓滿班、總裁養成班、奪標，及激發自我潛能的「晶彩一身」等課程，皆獲廣大迴響。從外在談吐、儀態、氣質的培養，至內在心靈層次的跨升，一步步為人們建立起優雅的處世哲學，演出魅力十足的藝術人生。在各領域著有數十本排行榜暢銷書，並翻譯成多國語言，讀者遍布全球，無數人因此提升心靈素質，扭轉了命運，是位深受敬重與信賴的國際知名身心靈導師。

多年來創作無數膾炙人口的正能量歌曲，透過旋律與文字，將「愛與感恩」的人生藝術傳遞給眾人，協助世人回歸身、心、靈的安逸，幫助憂鬱者走出情緒的幽谷，體會藝術人生，素有「音樂卡內基」之稱。歌曲受到各大電視臺青睞，得收錄戲劇片頭、片尾曲，廣受好評；並且創辦歌手、演員培訓班，除了將藝術與生活完美融合外，更期望藉此培養未來的星光焦點。二〇二一至二〇二三年間，提出「以正能量協助憂鬱症患者獲得改善」的觀點，連續三年被提名諾貝爾和平獎，並獲得美國國會議員Susie Lee、美國國會議員Ted Lieu、內華達州前州長Steve Sisolak及內華達州議員Rochelle T. Nguyen等人頒發榮譽獎狀，恭賀讚賞太陽盛德導師的成就。

Certificates 2022

Certificates 2023

關於　《超級生命密碼》

豐盛的祝福，道出浩瀚星空的殷殷期許，引領你拾起宇宙能量，改變生命地圖，承運光的祝福，啟動生命奇蹟與豐富活力。在你開啟本書密碼的同時，永恆生命的智慧與寧靜即將一一展開；活用並持有本書能量，生命即已圓滿，輕鬆擁有密碼之妙，解開自身所有的難題，揭開生命祕密，即得重生樂趣。二〇一〇年十月出版至今，已熱銷百萬冊，曾榮登博客來網路書局百大暢

銷書排行榜第九名，全球讀者因此書而受益已不計其數！欲瞭解更多詳情，請點閱：www.SuperLifeCode.com

「超級生命密碼叢書系列」簡介

已發行的中文叢書有《超級生命密碼》、《超級健康密碼》、《超級生活密碼》、《千年之約》、《幸福跟著來》、《太陽心語第一集》、《太陽心語第二集》、《太陽心語第三集》、《豐盛的光》、《太陽心語第四集》、《因為有太陽》、《源來，富有可以很簡單》、《超級因果密碼》、《德香女人花》、《千年之約二》、《向憂鬱說NO》、《超級修行密碼》、《超級富足密碼》、《天地侍者福滿天》、《超級生命密碼精裝版》、《生命遊戰》、《繪福》、《德財慶豐年》、《生命之光》、《歡天喜地》、《富足 你也可以》、《怡然富足最吉運》、《擁抱幸福13 招》、《超級智勝密碼上冊》、《超級智勝密碼下冊》、《YQ：21世紀創造成就的重要籌碼》、《超級昌盛密碼》、《福星高照》、《那一夜 我們說的祕密》、《妙機答錄精紀》、

《幸福工廠》、《認識豐盛的自己》、《撥轉人生算盤》、《突破心靈圓富足》、《我的人生我做主》、《生命 可以不一樣》、《人生 到底要怎樣》、《能量密碼聖經》、《彩繪人生的祕密》、《潤的神祕作用力》、《成就密碼聖經》、《豐盛入場券：笑納天地的禮物》、《玄妙人生幸福開》、《心花飄香招財寶》、《婚姻密碼聖經》、《財富密碼聖經》、《富足操盤手》、《旗開德勝得金光》、《福命自己造》、《奪標列車》、《主宰人生獲福全》、《人際密碼聖經》、《福報深深》、《星空傳奇》、《天賜幸福》、《宇宙密碼聖經》、《天機方程式》及《福氣聚寶盆》等六十三本暢銷巨作。

叢書系列外文譯著已陸續出版了《超級生命密碼_簡體版》、《超級生命密碼_英文版》、《超級生命密碼_西班牙文版》、《源來，富有可以很簡單_英文版》、《德香女人花_簡體版》、《向憂鬱說NO_英文版》、《千年之約一_英文版》等，而《超級生命密碼》英文譯本榮獲美國南加州中醫協會指定為選讀教材。

配合著作同步發行一系列趨吉牌卡：〈太陽趨吉卡〉、

〈豐盛趨吉卡〉、〈富有趨吉卡〉、〈德香趨吉卡〉、〈幸福趨吉卡〉、〈修行趨吉卡〉、〈富足趨吉卡〉、〈生命趨吉卡〉、〈健康趨吉卡〉、〈生活趨吉卡〉、〈解憂趨吉卡〉及〈奪標趨吉卡〉等十二種趨吉牌卡。

搭起愛的橋樑

享譽國際的身心靈導師太陽盛德，面對世界災難頻傳紛擾不斷，身處動盪中的人心焦慮不安，在在令其感到不忍！慈悲為懷的導師以傳播大愛為使命，經常以諸多主題赴全球各地巡迴演講，向世人傳達天地真理及修身立德的重要，引導更多善良的有緣人感受宇宙天地對人類的愛與期盼，獲得扭轉人生的關鍵之鑰，走向美好的幸福之路。

二〇一五年太陽盛德導師在全球巡迴演講造成轟動，盛況空前，座無虛席，廣大讀者、學員透過導師淺顯、幽默的引導，幫助眾人擺脫煩惱及遺憾，受益者無數。由於讀者、學員們的熱誠邀請，古道熱腸的導師允諾，如世界各地有一定人數，欲邀請導師前往當地開班授課，在時間允許下，導師樂意竭盡所能接受邀約，造福更多有緣人。欲邀約或瞭解導師巡迴行程和講座詳情，歡迎世界各地有緣的朋友自行與各地區的聯絡人聯繫，別再因猶豫而錯失圓滿自己的良機。

天圓文化：

網址：www.RichestLife.com
QQ：2668450597
Facebook：天圓文化

天圓文化美國地區聯絡人：

- Amy　電話：714-800-9018
- Lusia　電話：323-791-0448

天圓文化臺灣地區聯絡人：

- 天圓文化　電話：02-5599-5439
- 黃瑛琪　電話：090-593-3943
  電郵：angel0905933943@gmail.com

天圓文化新馬地區聯絡人：

- **馬來西亞（總部）** Sunnylove Global Sdn Bhd
  2975-2A, 3rd Floor, Chai Leng Complex, Jalan Baru,
  13700 Prai, Penang.

電話: 04 - 383 8826、011-26179938

- **中馬天圓文化教育中心** Sunnylove Global Sdn Bhd
  E-08-06, Menara Suezcap 2, Jalan Kerinchi, Bangsar South, 59200 Kuala Lumpur .
  電話 ：03-793 11667

- 北馬區 - 謝佳均：012-426 9038
- 中馬區 - Kelvin Goh：013-368 1108
- 南馬區 - 全德升：012-773 6121
- 東馬區 - 譚美鳳：016-663 9638
- 新加坡 - Ho Yong Sing：65-9723 6698

結緣書分享：pr.sunnylove@gmail.com

新馬官網：sg.RichestLife.com

天圓文化香港地區聯絡人：

- 梁小姐　電話：852-9302 3756
  What's app：9302 3756、WeChat ID：kendy258
  電郵：lyx0323@yahoo.com.hk
- 陳先生　電話：852-59818577
  What's app：59818577、WeChat ID：wilson16188
  電郵：wilson16188@gmail.com

結緣書籍下載:

《療癒泉力》 太陽盛德 著

一本使百萬讀者受惠的著作，你閱讀過了嗎？就在此刻，讓宇宙祝福叩你的心門，讓寶貴能量填滿你的心房，讓你的命運因此改寫！

《助的祕密》 太陽盛德 著

如果你允許這些文字進入你的心，如果你的心因此打開，你會聽見你靈魂的回音。真心誠意地發起「推送祝福行動」，由衷地祝福你我的每天都是好日子，每一個時刻都幸福喜樂，豐盛富足。

《千年之約一》、《千年之約二》——《超級生命密碼》讀者感悟實錄

這些年來，由於《超級生命密碼》讓世界各地的朋友抓住幸福，緊握成功的真諦，因此一篇篇感人肺腑的真實故事分享，似雪片般飛來。為饗讀者，特另集結成一二冊，讓有緣的你，立刻下載，全書擁有！

免費ebook下載網址：

www.RichestLife.com/download/

・E-mail ：PR@SuperLifeCode.com

結緣書轉印網頁：

・台灣地區: Print.RichestLife.com

・新馬地區: Printsg.RichestLife.com

鴻福齊天簡易法

太陽盛德導師之前在南加州希爾頓大飯店，舉辦歲末「鴻福齊天」講座。會中所提到的各項微言大義，令在座的每位人士都有著莫大的收穫，深深感受到在導師的指引下，大夥兒輕鬆運用自身本具的能力，即可達到邀福納祥的效果，不須再汲汲營營向外追求。

導師教你如何利用最簡單的方法，享有你所渴求的財富、升遷、愛情、婚姻、好運……無數個豐富的人生從此不求自得。為饗讀者及全球各界人士，特在此公開「鴻福齊天簡易法」與大眾分享結緣，但願有緣的你也能夠因此受益無窮，願你珍惜！

歡迎下載MP3聆聽或製成CD廣傳世界，功德無量，必可蒙天地祝福！

免費下載網址： Luck.RichestLife.com

天圓文化
官方網站

超級生命密
FB粉絲專頁

超級生命密碼
Line粉絲專頁

生命精彩
從此開始

知己知彼
抓住幸福

天圓文化
微信公眾號

- 超級生命密碼FB粉絲專頁
  https://www.facebook.com/SuperLifeCode/
- 天圓文化官方網站 www.RichestLife.com
  E-mail：PR@SuperLifeCode.com
- 全球共修暨菁英會資訊鏈接：www.meet.RichestLife.com

超級生命密碼夢想舞臺

這個應用程式是開放給有緣的朋友，只要您對生命的探討、靈命的提升有興趣，都可以透過「超級生命密碼夢想舞臺」快速、輕鬆地探訪來自太陽盛德導師的理念與教學，其中如Facebook、YouTube等各種平臺及多樣性的活動、課程等等，都彙整在這APP應用程式當中，讓我們更方便地運用與分享，進而回歸身、心、靈的平衡，扭轉命運，尋得幸福富有的人生。

支持蘋果iOS版或安卓Android下載

Android 最低版本需求4.1 以上

國家圖書館出版品預行編目（CIP）資料

鄰家大男孩：太陽盛德傳奇錄 = The boy next door Ted Sun / 張明玲著. -- 初版. -- 臺北市：香港商天圓文化諮詢顧問有限公司台灣分公司, 2024.10
面； 公分. -- (超級生命密碼叢書；62)

ISBN 978-626-7308-85-1(平裝)
1.CST: 太陽盛德 2.CST: 傳記

785.28 113014317

鄰家大男孩
太陽盛德傳奇錄

超級生命密碼叢書 62

作　　者／張明玲
策　　劃／天圓文化機構
編　　輯／天圓全球志工文字美編團隊
出版發行／香港商天圓文化諮詢顧問有限公司台灣分公司
地　　址／100 臺北市重慶南路一段10號11樓1106室
電　　話／(02) 5599-5439
電　　郵／PR@ SuperLifeCode.com
法律顧問／德承法律事務所

經 銷 商／聯合發行股份有限公司
地　　址／231 新北市新店區寶僑路235巷6弄6號2樓
電　　話／(02) 2917-8022
傳　　真／(02) 2915-7212
版　　次／2024 年 10 月初版
定　　價／新臺幣 680 元

01-0062-20241001-0001